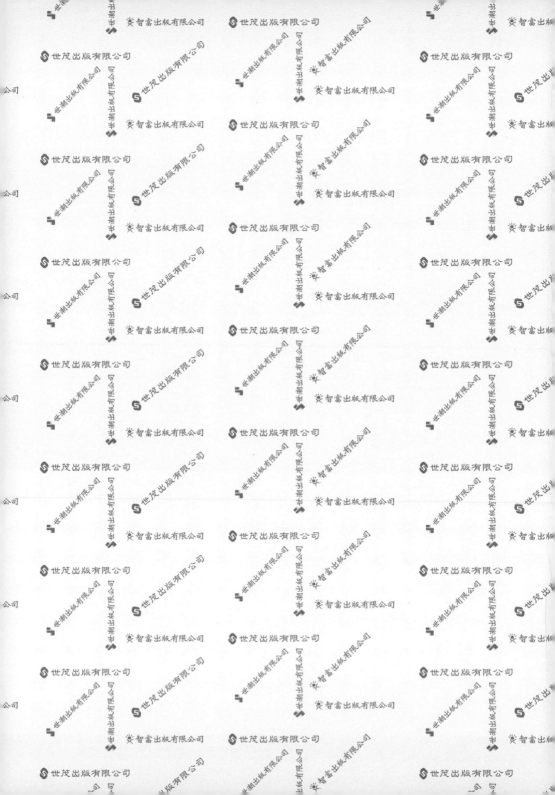

序　夢想不是用「外力實現」，而是「自動成真」的

大家好，我是YOKO！

非常感謝各位拿起我的第一本書。

其實，你就在剛剛按下了「全自動實現願望的開關」！

我想透過本書告訴大家，像我這樣吃不了苦的人找到的一個實現所有願望的最簡單方法。

不過，與其說是去「實現」願望，倒不如說是「自動成真」會更貼切。

這個方法能讓我們的意念與行動都「全自動」地導向目標方向，在「巨大助力」的幫助下，讓心中的盼望一一成真。本書將詳細解說其中的來龍去脈。

稍微做下自我介紹。

我是一名「愛好靈性療法的家庭主婦」，現居美國洛杉磯。

我在二〇二〇年開設了自己的YouTube頻道「YOKO的宇宙研究頻道」，目前訂閱人數突破十二萬人*，在眾多粉絲的支持與愛護下持續創作影片。

當初會想建立自己的頻道，是因為**原本的我非常自卑且感覺不到自身的價值，絕對稱不上是個有自信的人。**

我的內心深處有著陳年傷痕，出於「想讓內心感到舒暢」「想輕鬆實現願望」的念頭，我開始廣泛涉獵心理學與心理勵志等各相關領域的書籍，而最後抵達的終點則是宇宙，走得可真遠（笑）。

當我愈是了解宇宙真理、地球運作原理與潛意識，我就愈發明白，其實改變人生的方法極其簡單。

近年來，全世界人類都面臨了共同的問題——新型冠狀病毒。受到這個病毒的影響，讓人們在工作、金錢與人際關係等各方面都很焦慮。

但是，你完全不用擔心！

只要確實學會本書介紹的超簡單方法，不管發生什麼事都能迎刃而解。能信心滿滿地面對人生。

本書的內容著眼於「**潛意識**」，它給我們的人生帶來了無比巨大的影響。

我們的意識組成分淺意識與潛意識兩類，研究指出，我們的人生是受到其中占比九十五%的潛意識所掌控。

這樣說來，我們簡直就像一直在毫無自覺的情況下被他人操縱著……

*註：二〇二三年時已超過十五萬人。

人生順利與否，很大一部分都取決於潛意識中有著怎樣的「執念」。

如果「我做不到」的念頭盤踞在潛意識中，那麼現實中便會接連出現印證「我做不到」的事物。看到這樣的情況後，又會覺得「唉，我果然就是做不到」，如此陷入無限的負面循環。我們其實一直都無意識地在重複著這樣的行為。

其實，烙印在潛意識裡「我做不到」的強烈執念，說是幾乎決定了我們整個人生也不為過。

所以，**我們首先必須做的是，將烙印在潛意識中的執念「改寫成自己想要的樣貌」。**

「YOKO法」就是一個能輕鬆快樂地改寫潛意識的方法。

而這個方法所使用的工具是「語言」。

看到這裡，可能有人會想：「就這樣？」

就是這樣才好。畢竟，要不是既簡單又能隨時隨地使用，像我這樣的人絕對無法長期持續下去的（笑）。

看過我影片的觀眾應該知道，我是個天生的懶人，做什麼事都想偷懶，夢想是能輕鬆賺錢，就連製作影片時都會想著：「要是有人能代替我念講稿就好了」（這也太懶了吧！笑）。

雖然改寫潛意識的方法為數眾多，但身為「懶人代表」的我，精挑細選出一個最簡單且最強力的工具，那就是語言。

一旦領教過語言的力量就會成為它的俘虜，忍不住去使用它。

你應該會想：「單憑這麼微弱的力量，就能得到如此巨大的效果嗎？」對此，我可以用自己的親身經歷向各位做百分百的保證。

儘管語言使用起來輕而易舉，**卻確實擁有能改變人生方向、自身行為與人格的力量**。

更準確地說，是因為語言會影響潛意識，所以這個效果大部分是源自潛意識的力量。因此我們可以說語言是個超級強力的工具，足以撼動占據組成我們意識九十五%的、威力卓絕的潛意識。

本書將鉅細靡遺地解說**話語的力量、如何根據你的期望擬定相對應的話語、如何確實將之運用於現實生活中，以及如何加速改寫潛意識的方法**。

使用「話語」的先決條件是，得先了解潛意識的運作方式。只要懂得運用話語的力量，就彷彿在規模宏大的人生遊戲中得到了「最強的武器」。

下面是話語的力量創造過的事蹟（這裡列出的案例只占一小部分）。

- 從幾萬到十幾萬日圓不等的額外收入不停送上門。
- 婆婆忽然贈予一千萬日圓。
- 想擔綱的重大工作接連到手。
- 老公飛黃騰達，一家跨入富裕階層。
- 討厭的主管突然離職走人。
- 化解和父母的心結，擺脫持續三年閉門不出的生活。
- 開始喜歡自己，得到了夢寐以求的工作。
- 遇見理想中的男性，僅僅半年的時間就被對方求婚。
- 毫不費力地自然瘦下五公斤。

另外，本書還提出以下觀念：

「不必刻意去愛自己」。

「不必一直表現得很陽光開朗」。

「就算是負面思考也能實現願望」。

這些都與既有的靈性療法認知以及價值觀背道而馳。

同時也都是經過我親身驗證的結果。

總之，希望你是在輕鬆自在、不勉強自己的狀態下，逐步實現自己的願望。

如果你有破釜沉舟的決心，想改變自己的人生。

如果你有一些說不上來的焦慮。

如果你對自己沒信心，無法向前踏出第一步。

如果你想改變這個痛苦的現狀。

從你拿起本書的那刻起，就注定你的人生會變成你想要的樣子。

也許你現在還在想：「真的假的啊……」「真的會有這種事嗎……」

不過，在你開始閱讀本書、實際運用「話語」這個最強工具後，就會深刻明白，**「全自動實現所有願望」其實很簡單。**

一直以來你都用困難模式度過人生關卡，現在也差不多該調成簡單模式了吧？

讓人生如你所願。

來，就從現在開始吧！

YOKO

第一章

為什麼所有願望都會「全自動」實現呢？ 19

第二章

就算討厭自己、總是負面思考也沒關係 67

第三章

僅憑一句話就能改變現實的「語言的力量」

第四章

讓願望加速實現，甚至超乎你原先想像的祕訣

第一章

為什麼所有願望都會「全自動」實現呢？

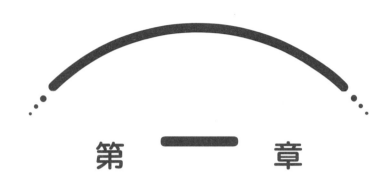

◆打造我們現實的真相

打造我們現實的，究竟是什麼呢？

或許你聽過一句話叫「**意念創造實相**」。

「意念」也可以說成「波」或「頻率」，據稱現實便是由「波」所創造的。這在靈性療法界已是常識等級的觀念，相信很多讀者都知道。

可是，在這被創造出的現實當中，也包含了我們不樂見的事物，以及想像不到的意外事故。

實際情況就是，我們心中的「殷殷期盼」往往無法反映在現實中。

明明都說自身意念（亦即「波」）會成真，但事實上，人們希望的事卻沒有成真。這到底是為什麼？

答案就在潛意識。

潛意識的特性是，會將「深深烙印在心底的定見」逐步化為現實。關於這一點，之後會再詳加解釋。

接下來我將說明潛意識的特質、效果、心中的強烈定見是指什麼、強烈的定見又會對我們的人生造成什麼影響。

上述的每一點全都是關鍵，能幫助我們釐清本書的主題「全自動實現所有願望」這個方法背後的運作原理。全書沒有艱澀難懂的部分，隨意放鬆地閱讀即可。

相信你在閱讀過程中，會頻頻冒出「難怪我一直都不順利！」「原來背後的原理是這樣的啊？」等許多感悟。

本書的內容不必全部記住，但如果你能發覺到「只要明白背後的原理，要改變人生出奇地簡單耶～」，我就會非常地開心。

◆我們的生活受潛意識所掌控

首先簡單說明我們的「意識部分」。

我們的意識分成兩類。

一是「**顯意識**」，又稱為表意識，指的是我們察覺得到的意識，例如「肩膀好僵硬喔」「肚子餓了！看看冰箱有什麼吃的」。

另一個是「**潛意識**」，又稱為無意識，是我們自己無法察覺的部分。

據說，潛意識是龐大的「記憶倉庫」，不只掌管了今生的記憶，同時還囊括前世的記憶與整個宇宙的所有資訊。

這兩種意識可以畫成如次頁的「冰山圖」，或許你曾經看過這張圖。

我們能意識到的部分只占了整體五%左右，潛意識則占了剩下察覺不到的九十五%。

而且據稱，潛意識的威力還是意識的兩萬倍。明明無法被我們察覺到，卻對我們的人生造成兩萬倍的影響，聽起來真的好驚人（笑）。

本書開頭稍微提到過，潛意識裡「強烈的定見」會對現實帶來巨大影響，而箇中原因就是源自於它強大的威力。

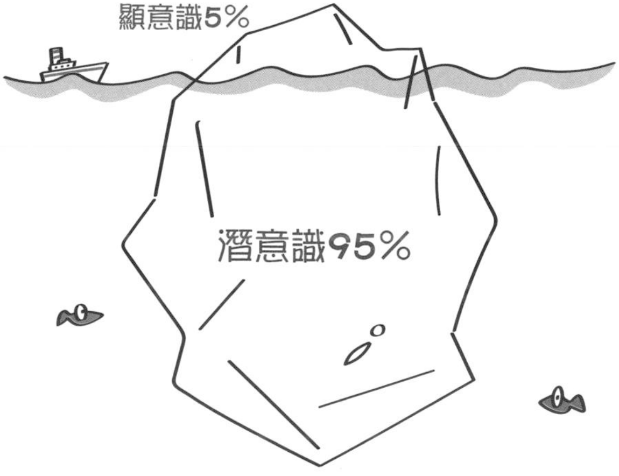

不只這樣，潛意識甚至還決定了我們「無意識的思考判斷」與「無意識的行為」。

關於這點，你不必想得太複雜。

舉例來說，你騎腳踏車的時候會不會考慮自己的動作呢？

「先握緊手把，再跨上座椅，右腳放到右邊踏板，用力踩下去，接著不停重複一樣的動作……」你應該不會這樣想吧？應該是什麼都不想，在無意識間騎得流暢自如才對。

再來，你騎腳踏車到平時去的超市時，應該也不會想「在那個轉角轉彎，前行一百公尺後向右轉……」前往習以為常的地點時，想必是「幾乎想都不用想」「身體自行動作」便能抵達目的地了。

除此之外，遇到什麼危險時身體也會反射性地行動，在刷牙和做家事等習以為常的事情時，也不必一一思考，身體便會自然地動起來。

潛意識還有一個特點。你是否曾在電視節目看過有人表演用心算瞬間算出好幾位數的加法呢？

我聽一位珠算老師說，這些人腦海裡會有「算盤的算珠」自動地動起來。

這項表演看在沒學過珠算的人眼裡，可能會覺得：「根本就是超人吧！」但那位珠算老師說，其實只要從小開始持續學珠算，這只是極為普通的事。如果只是兩位數的十組數字相加，要學會還蠻容易的。

這就是潛意識的「無意識的思考判斷」與「無意識的動作行為」。對於經常去的地點和瞭如指掌的動作，不必經過一一思索，就能「自動」做到。

那麼，為什麼要無意識地行動呢？

這是因為，假如我們生活中的一切行為都要用到僅占五％的意識，每件事都一一思考「先舉起手臂，再把手指彎成這個形狀」，就得消耗龐大能量，很難將注意力放在真正重要的事物上。

正因如此，那些重複做過無數次、已然烙印在潛意識的習慣，就要用最低限度的能量來做到。

也就是說，潛意識彷彿用「自動操縱模式」在操縱著我們。

換句話說，潛意識「能讓人將獲得的訊息，無意識地反映到行為上」。

這就是幫助我們「全自動」實現願望的關鍵。

下一節我們要來進一步了解潛意識。

◆潛意識「小潛」是純真無邪的兩歲小孩

這裡要介紹潛意識的特質。

請不要把潛意識想成是「會做出行動的個體」，而要把它看作是「某種人格特質」。

①無法區別現實與想像

②會對一直重複的事物有反應

③無法理解否定句

④喜歡圖像與感官知覺

⑤無法區別他人與自己

⑥不會去區分善惡

⑦對情感的反應很強烈
⑧會反覆重播心靈創傷
⑨討厭改變
⑩是個兩歲的小孩

看到這裡，你有沒有發現什麼？

潛意識或是無法區別現實與想像（妄想），或是無法區分他人與自我，或是不會區分善惡，或是會對情緒有強烈的反應……

這是不是很像小嬰兒呢？

有種純真無邪的感覺。

第一次知道潛意識的特質時，我心想：「不會吧，它頭腦比我還不靈光嗎？」畢竟我還是分得清現實和想像的……

而關於其中「兩歲小孩」這項特質，是因為在我看來，潛意識已經比小嬰兒大一點了，感覺就是一個「調皮搗蛋、純真無邪的兩歲小孩」。

若硬要說，感覺也比較像男孩子。

所以接下來本書會用親暱的方式稱呼潛意識為「小潛」，把它看成「只要我們了解它的特質，要改變它就很容易的、一個可愛的兩歲小男生」，而不是「一個我們無法撼動的、強大駭人的存在」。

潛意識這個詞容易給人一種堅不可催的感覺，但真面目卻是一個兩歲的小孩

（笑）。希望本書能讓你對它改觀，深刻留下「其實潛意識超好應付」的印象。

事實就是這麼回事。

只要知道小潛這個兩歲小孩的特質並妥善運用，將潛意識改寫成自己想要的模樣一點也不難。

下一節就要根據小潛的這些特質，仔細看看它對我們生活帶來了哪些影響。

◆小潛的能力① 形成「人生路上的有色眼鏡」

小潛的其中一項能力是，形成每個人都有的「人生路上的有色眼鏡」。人生路上的有色眼鏡是指深深烙印在小潛身上的「偏頗的定見」。

我們都在不知不覺間抱著各種「偏頗的定見」。

像是「我很有能力」「我是受人喜愛的」「我是個沒用的人」「我運氣很差」「別人都瞧不起我」等。定見可以是正面也可以是負面的，甚至還能同時兼具正面與負面的成分。每個人抱有的定見可謂千差萬別。

烙印在潛意識裡的強烈定見，讓我們簡直就像戴著「有色眼鏡」，將現實世界的事物染上眼鏡的「顏色」。

眼前發生的事物本應是無色透明、沒有好壞之分的，但我們總是用各式各樣的有色眼鏡來看待事物，**透過有色眼鏡來評斷事物**。

對於同樣一件事，戴著紅色眼鏡的人會聲稱：「這是紅的！」戴著藍色眼鏡的人則會主張：「這是藍的！」

也就是說，人們會根據自身眼鏡上的顏色，對客觀事物產生完全不同的「認知」與「反應」。

而且研究指出，我們是在幾乎無意識的狀態下產生這一系列的反應。在事情發生的那一刻，就反射性地想著「紅的！」「藍的！」

因為這個現象是反射性且自動出現的，所以稱為「**自動思考**」。

我們所有人都戴著有色眼鏡，無一例外。每個人都是透過有色眼鏡觀看自己所處的世界，紛紛說著：「我看到的是紅色！」「我看到的是藍色！」

之所以不同的人對同一件事會有不同的看法，是因為每個人都戴著不同的有色眼鏡所致。

「我們眼裡看到的世界，受有色眼鏡的影響可以有多大？」針對這個問題，以下舉個簡單易懂的例子來說明。

假設現在有名女性戴著「我不受人喜愛」的有色眼鏡。

這時來了兩名她認識的女性，她們站在稍微有點遠的地方竊竊私語，而且目光不時看向這名女性。

於是，這個戴著「我不受人喜愛」有色眼鏡的女性，瞬間會湧上強烈的焦慮感：「咦？她們該不會討厭我吧？怎麼辦，我是不是做了什麼不好的事……」

人們透過各式各樣的有色眼鏡看世界

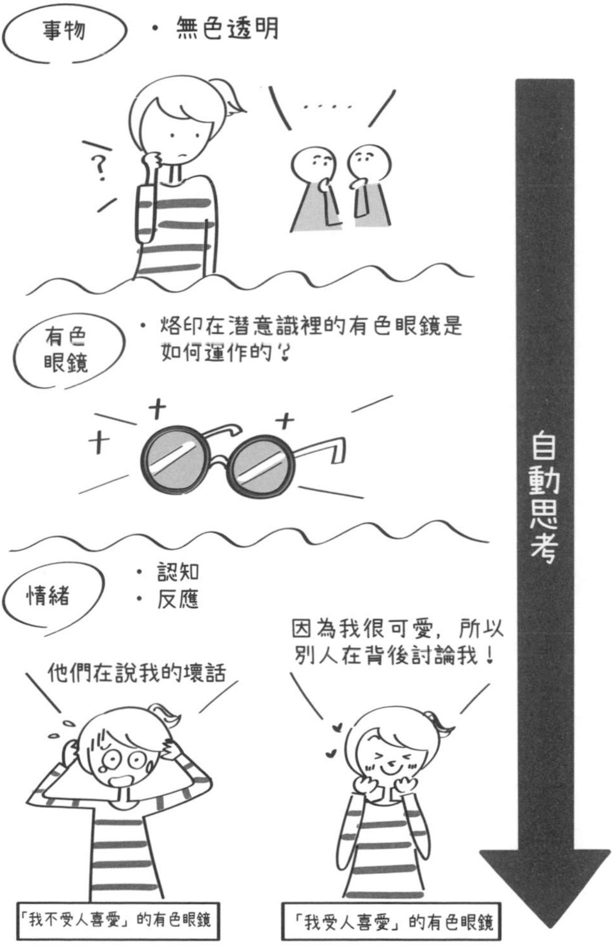

另一方面，在相同的情境中，換成是一名戴著「我很受人喜愛」有色眼鏡的女性，則會做出這樣的反應。

「哇，她們在看我耶♥今天穿的這件衣服是新買的，她們注意到了嗎？」這時她會露出微笑，用開朗的態度主動向她們打招呼。

戴著「我不受人喜愛」有色眼鏡的女性，別說是主動走向她們了，可能還會在無意識間變得畏畏縮縮的、開始躲著這兩人。

其實，客觀發生的事情只不過是「兩名女性在離我稍遠的地方望著我交談」，**我們卻會因為戴著不同的有色眼鏡，產生不同的認知、情緒與行為。**

戴著「我不受人喜愛」有色眼鏡的女性會感到「我是不受人喜愛的」，戴著「我受人喜愛」有色眼鏡的女性則會感到「我是受人喜愛的」，雙方各自因著自身的情緒採取後續行動。

這些反應都是在轉瞬間「自動」執行的。

而這就是小潛的能力。

由於小潛具有「不去區分善惡」的特質，所以無論是如何負面的定見，只要你心裡的定見很強烈，小潛就會優先選擇讓你實際感受到這分定見。

你覺得前述的兩種有色眼鏡，哪種會讓你活得更幸福、人生更圓滿呢？

我故意設計了這個很極端的例子，把戴著「我受人喜愛」有色眼鏡的女性表現得比較誇張，感覺很像自戀狂（笑）。不過，你應該能感覺得到她洋溢著很愉悅的氛圍吧。

既然我們對生活中每件事的認知取決於戴著怎樣的有色眼鏡，那麼你應該明白，人生也一樣會按照有色眼鏡來發展。

順帶一提，小潛從頭到尾都沒有一絲惡意喔（笑）。

「這分定見真的很強烈耶！那我要把它變成有色眼鏡，讓你充分感受到♥」這就是小潛的態度。由於潛意識不會判斷善惡，所以會**直接選擇「意念最強烈的定見」來形成有色眼鏡**。

◆人總是無意識地按照「有色眼鏡」採取行動

前面提到我們騎腳踏車和刷牙等動作都是「無意識」進行的。

小潛操控的不光是這些平凡無奇的行為，**還會讓你按照深深烙在心裡的有色眼鏡來行動**。

用前面的故事為例，發生了同樣一件事時，戴著「不受人喜愛」有色眼鏡的人會變得畏畏縮縮、躲著別人；而戴著「受人喜愛」有色眼鏡的人則會落落大方地向人搭話。

不過，戴著「不受人喜愛」有色眼鏡的女性，**並不是經過思考後才決定要做出**

「畏畏縮縮、避人耳目」的行為，而是幾乎無意識地讓「不受人喜愛」的意念顯現在「行動」上。

前面已經說明過有色眼鏡有「自動思考」的效果，會讓人對現實中的事物進行反射性思考，不過更驚人的是，**有色眼鏡不只會影響思考層面，甚至會「自動」改變我們的行為。**

這裡舉個簡單易懂的例子來說明。

我曾經認識一個男生，他長得又高又帥，就任何人看來都會覺得他帥，但他就是完全沒有異性緣。

原因很簡單，因為他完全不覺得自己帥，甚至在各方面都認定「自己很差」。

於是這個心理就顯現到態度上，使得他的姿勢有點駝背、給人畏畏縮縮的感覺，一開口總是「我不行的……」與女生的相處與應對上也很笨拙，於是異性緣自然就不好。

他戴的「我不帥」「沒自信」「我很沒用」等有色眼鏡，全都體現在行為、態度、氣質上。

他的情況也一樣，**會有這些表現都不是「內心盤算著要這麼做」，而是「不由自主變成這樣」**。畢竟沒有人會故意讓自己顯得毫無魅力。他就是個很典型的例子，**被定見的有色眼鏡牽制，導致行為「不經意」且「無意識」呈現出有色眼鏡的模樣**。

你是否也有類似的問題呢？

明明想表現得更好、明明想表現得像某個人一樣，不知為何就是做不到，而且還一再出現類似的情況。

這很可能是因為，你的行為是在無意識中順應著烙在你心中的「定見形成的有色眼鏡」。

人們會在無意識中，亦即「自動地」按照有色眼鏡來行動。現在你是否明白，我們的思考與行為都受到小潛的操控了呢？

◆我們戴著什麼樣的有色眼鏡？

那麼具體來說，我們到底戴著怎樣的「人生有色眼鏡」？

人生的有色眼鏡，是指烙印在潛意識的強烈定見。

本節要說明**會對人生核心部分造成深遠影響的負面定見**。絕大多數的人或多或少都帶有負面的有色眼鏡。

- **我沒有存在價值**
- **我不受人喜愛**
- **我比不上別人**
- **我很沒用**

・我總是缺錢
・我絕對不能犯錯
・我不能輸給別人
・我沒有錯
・我總是被人看輕

這些強烈的定見都是「烙印在小潛身上的有色眼鏡」，而我們本來就感知不到小潛的存在，因此往往自己都沒察覺心中有這些定見。

一般來說，**一個人會戴著許多種人生的有色眼鏡**。

而且，有色眼鏡基本都由「幼年經歷」決定。雖然有時也可能是前世殘留的傷痛記憶，但絕大多數的情況，都是源自童年時期大人的言行舉止、朋友說過的話與成長環境。

除此之外，有時成年後也會因為環境而產生新的負面有色眼鏡。

說得難聽點，形成有色眼鏡就像是一種洗腦的過程。

例如：

- 大人說你很沒用 → 有色眼鏡「我沒有存在價值」
- 被人忽略或冷落 → 有色眼鏡「我不受人喜愛」
- 總是被拿來和別人比較 → 有色眼鏡「我比別人差」
- 一犯錯就被破口大罵 → 有色眼鏡「不准犯錯」
- 被教導這個世界上壞人很多 → 有色眼鏡「不能相信別人」

上述情況只是部分案例，實際上，類似的情況未必導致相同的結果。為了讓大家容易理解，我才專挑比較極端的例子。

如果一直聽到特定的話語、不斷經歷相同的事情，**即使那並非事實、無論內容是正面或負面，人們都會深信「我就是這樣的人」**。

於是，烙在小潛身上、小潛親手製作的「定見有色眼鏡」，就這樣完成了。

不管這個想法是否屬實，只要小潛身上存在這分「強烈的意念」，就會順應這條路徑看待自己與世界。這套運作系統真的很驚人吧？

舉個例子，當一個標準體型的小孩一直聽到別人叫他「肥子」或「你太胖了」，這個小孩就會不自覺地認為自己「很胖」，無論他有多瘦。**就算不符合事實，他也會無意識地「在心裡認定這就是真的」**。

這裡要介紹一個方法讓你**能輕易得知「你戴著怎樣的有色眼鏡」**。

關鍵線索就在「一直反覆出現的問題」。

小潛有個特質是「會反覆重播心靈創傷」，所以不管到哪裡都會發生類似的問題、遇到類似的人。你是否有這樣的經驗呢？

拿我自己為例，從我很小的時候就存在一個問題，不管到哪都會出現「看我好欺負的人」。而且隨著我年紀增長，這些對象「欺負人的手段也成長至宛如大魔王的等級」，真是叫人吃不消（笑）。

其實我在學齡前到國小期間受過欺負，對象不只是同學，甚至連老師也對我做過很離譜的舉動。

這些經歷讓我形成了「別人都看我好欺負」與「我被人瞧不起」的強烈有色眼鏡，於是我長期以來便預設「別人都會欺負我」，而且對此毫無自覺。

由於我戴著「別人都看我好欺負」的有色眼鏡，所以每當我站在眾人面前，就會變得怯生生的，畏首畏尾、說話變得很小聲。**這就是小潛在發揮力量，讓我的行**

為在無意識間順應了有色眼鏡的模樣。

後來終於有個人徹底騎到我頭上，到了我覺得「怎麼會有人做出這麼誇張的事情啊？」的地步（笑）。

雖然現在我早已知道有色眼鏡的運作機制，情況有了大幅好轉，但在過去長久的歲月裡，同樣的事情我早已經歷過數不清次。

由此可見，我們可以憑藉「從很久以前就反覆出現的問題」與「總是被相同類型的人惹惱」的事件中，得知自己存在什麼樣的有色眼鏡。

雖說釐清自己的有色眼鏡並不是改寫潛意識的必要條件，但如果你感興趣，回想一下自己的經歷肯定就會有所發現，也是蠻有意思的。

光是「發現自己身上從來不知道的定見」，就能幫助我們客觀看待自己，看事情的角度也會大幅轉變。

不過有一點要特別注意，**「強烈的有色眼鏡」是我們在經歷各種事物不斷奮戰過來的人生當中，「不知不覺間」累積而成的。**

畢竟，沒有人會主動戴上「不受人喜愛」或「錢不夠用」等有色眼鏡的。

所以，**假如戴著你不想要的有色眼鏡，這也不是你的錯**。戴著不喜歡的有色眼鏡沒什麼不好，不必鬱鬱寡歡，也不必責怪自己。

從你與本書相遇的那一刻起，就注定會擺脫這些負面的有色眼鏡了，儘管放心繼續看下去吧。

◆小潛的能力②　將有色眼鏡看到的世界化為現實

小潛還擁有一項非常強大的能力——「創造現實」。

上一節我們介紹了「有色眼鏡」，這是指烙印在小潛身上的「強烈定見」。

其實，**小潛還能將有色眼鏡「化為現實」**。看到這裡，各位是不是忍不住發出驚嘆呢（笑）？

【創造現實的事例】

- 「我不受人喜愛」　↓　創造出不愛我的人
- 「錢永遠不夠用」　↓　創造出沒錢的現象
- 「做什麼都不順利」　↓　不斷失敗

- 「我很胖」 → 真的會變胖，還會量產出一堆說「你好胖」的粗線條傢伙
- 「別人都在欺負我」 → 創造出會若無其事說出極度沒禮貌話語的人

為了讓大家容易理解，我舉的都是負面的例子，但當然也有正面的有色眼鏡。例如戴著「我的經濟很寬裕」定見的有色眼鏡，就會創造出經濟寬裕的現實；戴著「我受人喜愛」定見的有色眼鏡，也會創造出很受人喜愛的現實。

總之，無論正面或負面，只要是「小潛身上烙印最深的定見」就會成真。

「因為你最相信的事情是『自己不受人喜愛』，我覺得你想要更深刻感受這件事，就創造出來了唷♪」小潛的心態大概

就像這樣。

小潛不只能透過有色眼鏡改變我們每個人看到的這個世界的顏色，甚至還會純真無邪地仿照有色眼鏡創造現實。「不受人喜愛」的定見會發展出「不受人喜愛」的現實。

那些深信不疑的定見，甚至會決定我們人生的實際遭遇。

針對小潛創造現實的能力，這裡舉個簡單易懂的例子。

有個女生戀愛之路不順，交過的男友清一色是暴力男，個個都會動手打她，讓人不禁疑惑「到底怎麼會遇到這種男的？」

這是因為，在這名女性的潛意識中存在「我總是被人欺負」的強烈定見，亦即有色眼鏡，而且本人對此毫無自覺。

於是，小潛便特意創造出欺負她的人（暴力男），按照有色眼鏡的模樣讓她體驗到「我總是被人欺負」的感受。

這就和前面提到我自己的經歷，也就是「別人都看我好欺負」的有色眼鏡一模一樣。因為深信「別人都看我好欺負」，所以人生中就反覆出現欺負我、瞧不起我的人。這正是小潛按照「受人欺負的有色眼鏡」所創造出的現實。

潛意識畢竟還是我們自己的意識，所以我們的遭遇相當於是自己無意識中創造出來、再親身體驗，**簡直就像是在自導自演**。

我們所有人根本就是每天都毫無自覺地、不斷重複和上述如出一轍的事情。

◆小潛最愛「蒐集證據」

我們再來看小潛的另一個特質吧。

純真無邪的小潛有項愛好，就是「蒐集證據」。上一節提到小潛能夠將帶著定見的有色眼鏡化為現實。

每當看到小潛創造的現實，又會進一步加深我們的意念，諸如「唉，又搞砸了」「我又被人討厭了」「我果然辦不到」「怎麼每次都變成這樣」之類的「我果然就是〇〇」的句式（這裡為了讓大家容易理解，所以我專挑負面範例來說明，但實際上也有正面思考的情況）。

比如說，當一個人戴著「不受人喜愛」的有色眼鏡，看到不受人待見的現實之後，就會感到「我果然是不受人喜愛的」。這種情況是不是很常見呢？

小潛特別喜歡看到這樣的情景。它彷彿在開心地說著：「我找到不受人喜愛的證據了！」接著便將這個想法不停推向潛意識的更深處。

這時小潛的心態大概像這樣：

「看吧，真相果然就跟我創造的一樣。我完美地創造出有色眼鏡的現實，讓你充分感受到了唷！現在你看到不受人喜愛的現實後，定見又加深了耶。太棒了，那我要再創造出更驚人的景況給你看！」燦爛地笑♪（毫無惡意）

於是，小潛又會創造威力更強的「不受人喜愛的現實」，看到此番情景

的我們會悲嘆道：「唉，又來了，我又不受人喜愛了。」進一步加強心中的定見。只要我們沒用一些方式察覺到，就會永遠無限循環下去。

在現實無數次展現給我們看到「定見的證據」後，在我們心裡就會逐步演變為「堅不可摧的真相」。

一開始只是「些微的念頭」，最終化為「確信」，甚至是「信念」，進而成為這個人的「人生主軸」。而且從頭到尾幾乎都是無意識進行的。

我們現在戴的有色眼鏡也是這樣形成的。

這裡用一個戴著強烈有色眼鏡的人舉例。

我以前有個同事，是個個子嬌小的可愛女生。她的母親從小就反覆告誡她：

「男生說妳可愛，都是為了接近妳、利用妳，所以絕對不能相信他們。」

她的母親或許是愛女心切，想要避免女兒「被品行不正的異性給蒙騙」。

可是，就連我和其他同事由衷稱讚她「好可愛」「這件衣服很適合妳」，她也會拚命搖頭、堅決否認，不只不接受男性的讚美，甚至連女性的讚美也不接受（感覺超煩的・笑）。

這是因為，她有著「**說我可愛的人都不能相信**」的「**強烈有色眼鏡**」，所以始終無法相信他人。

這個例子裡的女生的定見是「說我可愛的人都不能相信」，那麼，如果在不知不覺間「我不受人喜愛」的有色眼鏡變成人生主軸，又會如何呢？

那可沒有比這更悲傷的事了。

要說潛意識裡存在怎樣的有色眼鏡決定了人生的走向，那可一點也不為過。將定見的有色眼鏡變成我們想要的樣子，應該優先於人生中的任何事情。

◆為什麼成功學滿街都是，真正成功的人卻很少？

這裡要說明占據五%的意識和九十五%的小潛的力量差距。請回想一下開頭篇章的海面冰山插圖。我們察覺得到的只有五%的意識，而真正操控人生的則是九十五%的小潛。

當我們心裡有想實現的願望，等於是意識層面的動作。例如一個人心裡想著「好想變有錢」的時候，表示這是五%的意識在期盼。

不過，**假如占據九十五%的潛意識小潛想著：「我不可能變有錢的。」事情會怎麼發展呢？**

看過前面的內容，我想你差不多能猜到結果了。

不論意識如何用力想著「我好想變成有錢人！」終究也只發揮五%的力量。但如果擁有九十五%力量的小潛在內心存有「我不可能變成有錢人」的強烈定見有色眼鏡，你看到的就會是「不是有錢人的現實」。

如下圖所示，人們經常用人與馬的插圖來比喻意識與潛意識的關係。人是占據五%的意識，馬是九十五%的潛意識。

人與馬互往反方向拉扯，但人類的力氣根本敵不過馬，於是人（意識）便痛苦地拉個不停，同時在心裡苦苦思索：「我

都這樣熱切盼望了，怎麼就是不會成真？」

由於五%的意識和九十五%的潛意識都屬於自己，所以這個情況簡直就像「一個人在耍猴戲」，一邊踩著煞車又一邊心想：「為什麼不會前進呢？」於是一直停在原地不動。

看到這裡你是否明白了呢？如果不去理會烙在小潛身上「不可能變有錢」的有色眼鏡，單憑意識的力量想變有錢是極其困難的。不小心還會反被拖過去，弄得自己遍體鱗傷。

市面上充斥著各種成功學的書籍與課程，但真正能成功的人卻鳳毛麟角，主要原因就在於「意識與潛意識的方向不一致」。

那麼反過來說，假如五%的意識與九十五%的小潛朝著相同方向前進，結果又會怎麼樣呢？

如果意識中存在「想變有錢」的念頭，同時小潛身上也烙印著「我很有錢」的有色眼鏡，那麼兩種意識便能齊心協力、發揮出百分百的力量，往夢想的方向竭力狂奔。

意識裡「想變有錢人」的期盼，會藉助小潛的力量，在猛烈的勢頭下一步步化為現實。

這樣一來，事物會以你僅憑五%的意識勤懇努力時，完全無法想像的速度來發展。你會深切感受到，心中期盼的現實正一步步憑藉小潛的力量創造出來。

整本書我最想說的一段話就是這些：別再單憑五%的意識來努力了，唯有先改變九十五%的小潛的「定見的有色眼鏡」，才能輕鬆實現願望。所以你要做的第一件事，就是改變心中的定見！

我們來簡單複習一下小潛的能力。

- 順著有色眼鏡做出反射性思考（自動思考）。
- 連行為都在無意識間受到有色眼鏡操控。
- 順著有色眼鏡來創造出現實。

那麼，如果以上全是基於「我很有錢」的有色眼鏡為前提，你覺得事情會如何發展呢？

不論發生任何事，你都會反射性地覺得「我很有錢」「我的生活很富足」，無意識下的行為也會變成有錢人的行為舉止，最後現實情況就會按照「有錢人」的有色眼鏡來發展。

小潛會自作主張地創造現實，連你無意識間的意志與行為都會遵循這個願望的路徑，開始出現變化。

也就是說，你將能得到小潛的強大力量，夢想會「自作主張」且「自動地」實現。

本書的主題**「全自動實現夢想」**，指的就是這種狀態。

本書開頭有稍微提過，用來改變小潛有色眼鏡的工具是「語言」。**只要透過語**

言來改變小潛的有色眼鏡，所有事情都能「自動」改變。這就是本書最想告訴大家的事情。

如果對你來說，小潛的運作原理還是有點複雜難懂，那你只要記住以下這句話就夠了！

「若能運用語言來改變有色眼鏡，你的願望就會自動實現」。

YOKO 的小故事

1

「人類的欲望～拉斯維加斯的洗禮」

我超愛拉斯維加斯，在這個金碧輝煌、極盡奢華的沙漠綠洲，有賭場、高檔餐廳和室內遊樂園等各種娛樂設施。

拉斯維加斯吸引我的原因是，人類的欲望在這座城市無所遁形。

其中尤以賭場為最，隱藏在人們內心的「想要很多錢！」「好想輕鬆賺錢！」的欲望，在經營者和賭客雙方身上表露無遺。

這才是人類！這才是地球的精髓所在！

這件事發生在我們家去拉斯維加斯旅遊的時候，那天，我們去參觀了以水滴巧克力聞名的好時（Hershey's）工廠。

販售商品的架上擺著數十種散裝的水滴巧克力，我和小孩邊嬉戲邊裝袋，一不小心把分量相當多的巧克力灑到了地上。

一名工作人員很快就趕了過來，他一派輕鬆地說：「沒關係，我馬上清乾淨。」接著就用掃把巧克力掃起來當垃圾倒掉。

巧克力的外面明明有一層包得好好的錫箔紙包裝，就這樣倒掉未免也太可惜了，但一考慮到新冠肺炎正大肆流行，好像也是無可奈何的事。

接著我們重新去裝好巧克力，結帳時看到價錢簡直驚掉下巴！總共竟然要四十美金（約為四千五百日圓）！！

明明這樣的分量在超市買才不到十美金的。這、這就是欲望城市的威力嗎～～！

咦可是不對啊，剛才工作人員可是毫不猶豫地把地上散落的巧克力當垃圾倒掉耶！

我購買同樣分量可是花了四十美金喔！這欲望未免也太強大了吧？

完全沒做好心理準備接納欲望的我，就這樣受到了拉斯維加斯的洗禮。

從此以後，好時的水滴巧克力在我們家就變成了「超高級巧克力」。

充滿欲望的超高級巧克力

第二章

就算討厭自己、總是負面思考也沒關係

◆不必積極去愛自己也無所謂

本章將基於我的親身經歷，談談靈性領域普遍認為實現願望的必備三要素——「愛自己」「保持雀躍的心情」「不能負面思考」。

看過我YouTube頻道的讀者應該知道，我並不是一個超級正面思考、很有自信的人。

其實，我屬於比較沒自信、心情很容易受外界影響的那類人。

不過就連我這種類型的人，在了解潛意識的原理後也確實實現了願望。而現在正在閱讀本書的你，肯定也辦得到。

本章是將我自己的親身經驗，特別分享給那些無法喜歡自己、無論如何就是忍不住負面思考的讀者。

「要好好愛自己。」

這是靈性療法與吸引力法則所重視的觀念。

過去我也曾遵循這套鐵則（當時我自然是相信這套說法的），嘗試努力去愛自己，還曾在我的YouTube頻道分享相關影片。這一點確實是人生要過得有餘裕且自在所不可或缺的。

可是實際嘗試以後，我突然發現一個問題：「那麼，到底要怎樣才叫愛自己呢？」（笑）。

其實，我根本不懂「如何愛自己」。

就連對別人，我能稱得上「愛」的都屈指可數了，究竟又要如何愛自己呢？

「說起來，一般愛上別人都是在不知不覺間愛上的，不是努力來的才對吧？」

我心中忽然閃過這個想法。

我想，肯定有些人能愛自己和愛別人。這當然是最棒、最理想的情況（我超級羨慕的・笑）。

但這對當時的我是遙不可及的事。

因為**我內在的小潛身上，刻骨銘心地烙印著「討厭死自己了」的有色眼鏡**。

所以當我用那五%的意識拚命努力去「愛自己」，等著我的依然是失敗，這讓我感到非常痛苦。前章中那張人與馬的插圖完美體現了我當時的情況，最後下場自然是輸得一敗塗地（笑）。

我從小就非常不喜歡自己，雖然事到如今已經無從得知原因為何，但就是始終無法接納自己、無法放過自己。

一直以來，我都覺得討厭自己是理所當然的，在我接觸靈性領域之前，從來沒想過要「好好愛自己」。

即便是現在，我依然稱不上非常愛自己。「嗯，應該是有點喜歡吧～」「我好像還算不錯啦！」大概只有像這樣的程度而已。

不過，這種狀態和過去「討厭死自己了」的程度相比，我對自己的接納度已經有大幅的提高了。但我也從來沒有刻意去想「我要愛自己！」「我要喜歡自己！」

我感覺是在實踐第三章介紹的方法後，才自然地在不知不覺間逐漸接納了自己（第三章會詳細分享我在這方面的經驗談）。

不過，**就算是現在，我偶爾還是會急速失去自信，冒出「我果然很遜」的想法，心情在一夕之間掉到谷底**。

特別是在重大工作上門等人生躍升的狀態下，我有時會突然感到恐懼，浮現諸如「如果沒做好，大家就會討厭我」「要是犯了什麼錯，我的人生就完蛋了」這類的強～烈定見，還曾因為這樣躲起來嚎啕大哭。

「我真的很沒自信耶～！」連我都被自己嚇得不禁感嘆。

即便如此，我的人生還是朝著我想要的方向大幅改變了。於是我深刻感受到：

想要實現願望，並不是非要愛自己不可。

所以，不必勉強去愛自己、喜歡自己、凡事做到完美。我反而很欣賞那些背負著「無法喜歡自己」的痛苦，卻仍不屈不撓地一步步實現願望的人們。

只要按照本書教的去做，情況肯定會開始好轉。越是這種類型的人，今後的人生越是會美好到無法置信。

◆以前的我很難「保持欣喜雀躍的心情」

「保持欣喜雀躍的心情，能讓你實現願望」也是在靈性領域有如常識般的觀念。我完全同意這個觀念，也認為這麼想確實是有道理的。

但是，**其實我以前也很難做到這一點**（我做不到的事還真多・笑）。

我平時不太會有欣喜雀躍的心情，我反倒很好奇，到底要怎樣才能總是處於興奮雀躍的狀態。

一般來說，只要生活在地球上，一定會三不五時遇到討厭的人、發生不盡人意的事情，即使什麼事都沒發生，心裡還是會隱隱有著一絲擔憂。

在這樣的狀況下，實在很難「總是保持欣喜雀躍」。也許可以勉強自己一下子，但馬上就會自動回到原狀……這個過程我已經來回重複了無數次。

不過，自從我了解潛意識之後，我便發現，**其實可以不必勉強自己保持高昂的情緒**。

一旦改寫了潛意識，有色眼鏡就會變成「實現願望後的狀態」，於是也會「**自動發生讓自己興奮雀躍的事情**」「**事物自動朝著期望的方向發展**」。

不光如此，思考方式與觀點也會出現一百八十度的轉變，過去曾經用負面角度看待的事物，自然而然就不那麼想了，甚至還會覺得「人生就是要有這種事才好玩」，把討厭的事當成是一個好玩的活動。**就算不「刻意保持心情雀躍」，也能「自動保持雀躍的心情狀態」**。

所以我們該做的第一件事並不是「刻意讓心情雀躍起來」，而是**將小潛身上烙印的有色眼鏡改變成我們想要的模樣，變成無論發生什麼事都能保持心情雀躍**。

請回想一下那匹馬的插圖，就是五%的意識與九十五%的小潛齊心協力變成一〇〇%的插圖。與其用僅僅五%的意識來努力，不如借助小潛那兩萬倍的力量會能更輕鬆、簡單地將心中所想化為現實。

如果光是表面上裝得欣喜雀躍、不去改變小潛的有色眼鏡，就好比身體受重傷、血流不止，卻視而不見、強裝歡笑。任何人看到這個情景都會想：「不對，應該要先治療傷口才對！」只要傷口復元了，自然能打從心底開心歡笑，根本不用假笑。

所以我想告訴大家，如果你很難保持欣喜雀躍的心情，那麼就「不必勉強自己欣喜雀躍」。我們要先改寫有色眼鏡，創造出「自動進入欣喜雀躍的狀態」。這麼一來，實現願望的過程就會輕鬆自在得多。

◆哪些人雖思考負面卻能實現願望？

世上那些實現願望的人們，全都是能量非常強大、樂觀開朗的嗎？

不不不，並非如此。

確實有很多這樣的人沒錯，但也有許多人的個性不是那麼好（講得更直接點，有些人甚至就像壞人），人生卻能稱心如意，走上順風順水的道路。

請環顧一下四周，是不是這樣呢？

是否有人個性很差或陰沉悲觀，卻取得事業上的成功、有貴人相助，獲得巨大的財富或者平步青雲？

反過來說，有不少人的為人極好卻不知為何總是遭遇不幸，事事都不如意。

至今，我遇過各式各樣的人，深切感受到，**並非好人就一定會實現願望，反之，也並非陰沉悲觀就不能實現願望**。

那麼，「能實現願望與不能實現願望的人」究竟有何差異？

依我看，**差別在於是否能接納自己負面的部分**。

我們每個人都有著負面的部分。一個人無論看起來多麼樂觀開朗，勢必還是有些缺點。這也是極其正常的，人木來便是如此。

關鍵在於，「自己是怎麼看待」這些負面部分的？

請看下面的範例。

- **因為我有缺點，所以「我很糟糕」。**
- **就算我有缺點，「這樣的我也很真實、很可愛」。**

各位覺得如何呢？

用不同方式看待自己的負面部分，感覺是否也完全不一樣呢？

其實，**負面思考充其量不過是一種特色，並沒有好壞之分。一切完全取決於自己是如何看待的。**

那麼，「自己是如何看待的」這個標準又是怎麼決定的呢？

沒錯，就是「定見的有色眼鏡」。

假如戴著「我的思考很負面，所以我很糟糕」的有色眼鏡，就會無法接納思考負面的自己，忍不住責備自己。

一旦責備起自己，就會變得無法積極行動，強化心中「反正我一定會失敗」的想法，於是願望就很難實現了。

靈性領域經常提到：「你本身就是完美的存在。」關鍵便是我們能否如此認知自己。

就算你還無法認為自己「完美」，如果能覺得「我負面的部分也是我的特色」，負面的部分就會變得正面。**一旦能接納自己（自認的）缺點，那就不再是缺點，而會變成是「專屬於我的特色」**。

「就是會負面思考才是我」。我認為那些陰沉悲觀、個性很差卻仍一一實現願望的人，共通點就是都徹底接納自己，將自身缺點看成是個人特色，所以才容易取得成功。

反過來說，如果一個人否定自己負面的部分，就會直接「認定這是負面的」，判斷為這是「我的缺點」。

只要改寫小潛身上烙印的有色眼鏡，就能自動接納自己認為是缺點的部分。

「就算有負面的部分也無妨，因為這就是我。」如果能這樣接納真實的自己，不要說實現願望了，甚至連人生都會出現劇烈變化。

改變有色眼鏡絕對是當務之急！

◆正因為內心有陰暗面，才感受得到燦爛陽光

好了，這邊稍微換個方向，談談「純靈性領域」的內容。

熟悉靈性領域的讀者想必知道，我們的靈魂原本是從「宇宙源頭」分離出來，千里迢迢來到地球的。大家都是從宇宙源頭（本源能量，source energy）分裂出的一個又一個靈魂。

個別能量（我們的靈魂）會各自前往不同的星球，可以說，是我們自己選擇了地球的。

我們之所以選中地球，是為了透過各種經歷促使靈魂成長。還有，為了體驗「對比（contrast）」。

對比是指黑與白、愉快與不愉快、光與暗等「相對的事物」。在我們單純以靈魂形式存在、沒有肉體的時候，絕對無法體驗到對比，而地球能讓我們體驗到對比是什麼。

有悲傷才有喜悅，有黑暗才有光明，有不走運、不順利才能更加強烈感受到幸運與幸福。

唯獨地球才能經歷到這些。

這就好比走在寒風中回到家裡後走進浴室淋上熱水的那一刻，感覺到「啊～整個人都活過來了～」是一樣的道理。要不是戶外冷颼颼的，洗熱水澡也不會感受到如此強烈的幸福。

也就是說，人生中發生的各種不如意與不幸，不過是為了幫助我們感受位於天秤另一端的幸福而存在。

如果你至今從未實現過願望、發生許多難過的事情、感覺人生很難，**將來就會感受到同等的喜悅與幸福**。

各位知道「單擺定律」嗎？人生有時宛如身處逆境般處境極為艱難，但只要度過這段時期，必定有同等程度的好事降臨。人生就是不斷重複這個過程。

這就是對比。

在你拿起這本書時，你的擺錘便加速往好的方向前進了，就算有一天擺錘又擺向「逆境」，那也完全沒問題。

因為從現在起，我們就要徹底改寫潛意識「看待事物的方式」（有色眼鏡）。

如此一來，過去曾經感到「厭惡」的事物，不知不覺便能漂亮地忽略，或是萌生新的視角：「我可以從這次經驗學到什麼？」

一旦有色眼鏡轉為樂觀正向，看待事物與思考方式也會「自動地」轉為樂觀正向。接著，現實便會按照這個方向發展。這就是小潛的能力。

很有意思的是，一旦成功改寫潛意識，就想不起過去曾經有過的那種負面思考的感覺了。

舉個例子，我自己剛開始在YouTube直播時，其實非常衿持。

「我必須表現得很認真」「絕對不能開玩笑」「一定要正經才行」當時我就戴著這些有強烈「定見的有色眼鏡」。

但是隨著時間推移，我越來越覺得壓抑、喘不過氣，所以我為了讓自己輕鬆起來，就運用本書的方法改寫了有色眼鏡。

而現在情況又是如何呢？

現在我已經能若無其事地聊起「我曾經拚死命憋尿的故事」（應該說很喜歡聊這些・笑），在直播輕鬆聊天真的讓我很開心。

「那時候我到底為什麼要拚命隱藏自己呀？」現在想起來只覺得很不可思議。

就像這樣，**一旦徹底改寫有色眼鏡，心態就會大幅轉變，甚至覺得：「我那時候怎麼會那麼煩惱咧？」即使再遇到同樣的事，也不會再煩惱了。**

何止不會煩惱，內心甚至毫無波瀾。

這種感覺非常好玩，我誠心邀你一起來體會。

好了，你現在已經明白潛意識的運作原理，以及它會如何影響人生了嗎？

就算現在還無法完全明白，也完全沒關係。**總之最重要的就是「改變定見的有色眼鏡」，只要了解這一點就夠了。**

接下來，第三章終於要來介紹「改寫潛意識的方法」。

首先我會聊聊當初是怎麼會想到用語言來改變人生的，因為一切都是以這件事為開端。

YOKO的小故事

2

「關於我迷上香氛蠟燭的往事」

我很容易迷上各種事物，但常常是三分鐘熱度。

我以前曾經迷上香氛蠟燭，東買一點、西買一點，累積下來也是一筆不小的開銷，於是就突發奇想決定自己來做做看。

我興高采烈地上網買齊材料，看著陸續到貨的材料，心裡的期待也升到最高點：「好想快點做做看啊！」

但是在我收到所有材料、準備開始製作時，才發現出乎意料地費工，須要注意蠟的溫度、量、香氛精油的比例、加入時機等很多細節。

「搞什麼啊……？好麻煩……一點也不好玩……」

沒想到我的熱情在製作過程中開始冷卻下來。

畢竟都做到一半了總不能停下來，可是又不想做了……經過一番天人交戰，最後只想著趕快草草了事……

費時兩個小時，我總算做出了幾十個香氛蠟燭。

嗯，看起來還不壞。實際用起來還真香！

我的心情在瞬間頓時明朗起來，想著「也許自己做的決定還真是正確的」，但是接著又發現製作過程中使用的容器非常難清洗。

「搞什麼啊……？好麻煩……一點也不好玩……」

竟然在如此短的時間內，再次出現同樣的心情（笑）。

我洗到一半就放棄了，自暴自棄地直接把這些容器藏到一個絕對沒人會看到的地方。

可以想見，以後搬家翻出來的時候，我肯定會先心生疑惑：「這是什麼啊？」然後才慢慢回想起這件事的來龍去脈。

就這樣，我又添了一樁黑歷史。所以說，香氛蠟燭還是直接買現成的最好！（笑）

實物圖。只有外觀漂亮而已（笑）。

第三章

僅憑一句話就能改變現實的「語言的力量」

◆拯救嚴重家庭危機的宇宙最強話語

這件事發生在二〇二一年的新年期間。

我丈夫的身體一直很不舒服，在此無法透露細節，但總之，檢查後得知狀況不太樂觀。

我們家有三個小孩，大兒子還在讀小學。我雖實在不願意往壞的方向去想，但是腦海還是閃過一個念頭：「萬一老公無法工作了，該怎麼辦？」最壞的狀況，我甚至得一個人撐起一個家。

這個時候，**我強烈心想：「我想改變眼前的現實！」**

當時我設立自己的YouTube頻道「ＹＯＫＯ的宇宙研究頻道」快要一年了，頻道是上了軌道沒錯，但訂閱人數與播放次數開始停滯不前，我還得時不時面對黑粉的惡言惡語。

偏偏在這個瓶頸期，丈夫身體又出狀況，我的心情簡直就是「跌到谷底」。

這時我想到一件馬上能做的事。

那就是念誦「謝謝」。

我看過許多心理學以及心靈勵志方面的書籍，知道「謝謝」這句話帶有極強的頻率。

不過，充其量只是「停留在知識層面」，並沒有實際應用在日常生活中。

同時我還搭配另一句話「我好富足！」每天反覆念著。

我死馬當活馬醫，每當一個人獨處，例如開車時、洗澡時、上廁所時、做菜時，都會不停念著「謝謝」與「我好富足」。

當時正值新冠肺炎大肆流行，所以出門戴口罩也可以一直念著。

我測過一分鐘可以念個一百二十次。這幅模樣要是讓人看到，肯定被當作怪人。我想，當時我一天大概說了超過一千次的「謝謝」。

持續一段時間後，先是我的心理狀態很快就出現了變化，逐漸萌生一種毫無來由的信心，莫名感覺「絕對沒問題的」。

現在回想起來，那時正好是「定見的有色眼鏡」逐漸產生變化的時期。不只如此，我還有種彷彿被某種東西緊緊包裹住的「說不出的安心感」。

同時我的心態也轉為「船到橋頭自然直」。一旦放下擔憂和焦慮，安心感便隨之而來。

就這樣過了三個月左右，令人瞠目結舌的好事開始接二連三到來。

◆突然間接連發生許多「好事」

雖然家人生病、有了經濟上的擔憂，但我在語言的幫助下，抱著「不要緊」的心態度過每一天。

不知道是否因為這樣，**金錢和工作運勢突然驚人地飆升**。

最初是多了許多額外收入。

由於我住在美國，收的自然是美金，每分額外收入換算成日圓大約在十萬～二十萬日圓之間，這樣的額外收入一個月會來個好幾分。

具體來說，有丈夫公司給的臨時獎金、國家發放的給付金、不動產方面的收入之類。

不光如此，我們也變得更常收到別人送的東西、購物時得到意料之外的附加服務、原本要收費的服務變成免費或更優惠。這樣的事情頻頻發生。

更令人吃驚的是，**這些額外收入在某個時間點突然多了一位數**。這個金額已經超越額外收入的程度，我想這就是「應有盡有的富足」真正向我們流淌過來了。

與此同時，我的YouTube訂閱人數大幅成長，並紛紛接到來自各界的書籍出版與演講等邀約。

就在同個時間點，我的人際關係也出現大幅變化。

那些相處起來有點不舒服的朋友，和我之間的緣分徹底斷絕，取而代之的是，我和一些很出色的人們有了新的連結。

過去我都一直想著「好希望能和這些人做朋友啊」，而現在這樣的人們也紛紛主動來到我的身邊。

像是和對方在公園偶遇、第一次見面就自然地交換聯絡方式等。至今我從未遇過這樣的事，所以出現如此變化真的很開心。

除此之外，我還得到了許多我需要的資訊，例如社群媒體上有一些素昧平生的人主動和我分享結合自身經驗的寶貴資訊等。

還有，雖然我沒有透露我們家的情況，生活中遇到的人們卻紛紛給予我溫暖的鼓勵。而且他們完全不知道我是名YouTuber。

只要持續說著「謝謝」「我很富足」，現實中就會接二連三出現讓你感到「這真是太感謝了！」「怎麼會如此富足啊！」的事物。

這不只是我一個人獨享的待遇，每個人都能運用語言的力量獲得成效。有許多我的YouTube頻道觀眾也分享了他們運用語言的力量得到額外收入的故事。

有的人在開始念誦「我是富足的億萬富翁」後，就有兩百萬日圓來到眼前；有的人在開始念誦「謝謝」幾個月後，婆婆突然贈予了她一千萬日圓。只要嘴裡講的話變了，就能發生如此驚人的事。

此外，我覺得最大的收穫是「內心的變化」。

有些事情以前覺得理所當然，現在我會感謝到眼淚快流出來，也變得會期盼整個地球與全人類能幸福，不再只是希望自己與身邊的人們幸福。差距之大不禁讓我感嘆道：「變化也太劇烈了吧？」

這一連串的事情萌生了我感謝的「意識」，讓我懂得感謝自己身上發生的一切事物。

關於這一點，一名觀眾也跟我分享她相同的經驗。

這位四十多歲的女性曾經有三年的時間閉門不出，和父母間有著長年的心結，家裡爭吵聲不絕於耳。

最後的結局是她離家出走，在極差的心情下，**持續說了兩個小時的「謝謝」之後，她突然對路邊的樹木、每一片樹葉、甚至是一顆顆螺絲與鐵釘等，觸眼所及的一切都湧現感謝之情。**

接下來，**父母原先極其頑固的態度出現轉變，甚至還向她道歉。**這是她從來不曾想過的事。

之後，**她還吸引到理想的工作來到身邊，而且能夠自信地說出她喜歡自己真實的模樣。**

我就是因為前面提到的各種「令人感謝的事物」，而開始真正相信語言的力量，並領悟到語言會連結到潛意識。

現在回想起來，我忍不住會想：「也許當時發生的一切，都是為了讓我察覺到這些重要的事物。」

自那之後我便反覆思索：「要怎麼讓語言更高效地進入潛意識當中？」經過不斷試錯後，我終於找到一套最佳方法，並且利用潛意識的特性而設計出「加速改寫潛意識的方法」。

我研究出的這套方法與加速改寫潛意識的方法，幾乎都是「以語言為基礎」來進行。

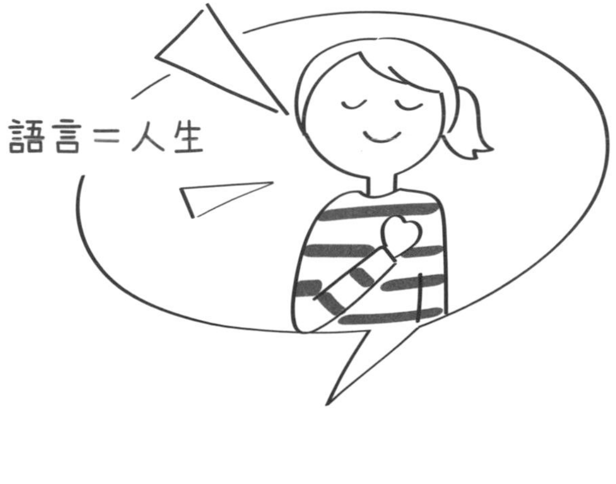

語言沒有形體，說出口的時候會感覺毫無作用，但我確信語言經過大量積累後，無疑擁有改變人生的力量。

◆原本沉默寡言的父親搖身一變為「滿懷感謝的人」

我的父親差不多在十年前左右罹癌。

父親簡直就是最典型的昭和男子*，極度抗拒就醫與吃藥。沉默寡言且太會忍耐的性格使他拖到身體狀況極差的時候才就醫，檢查結果已經是大腸癌第四期。

情況緊急，醫生安排隔天立刻動手術。

母親聽聞父親突如其來的噩耗大受打擊，開始不斷對父親的身體說著「謝謝、謝謝、謝謝」。

自我兒時起，母親便鍾情於精神世界與那些眼睛看不到的事物，所以我們家擺

*譯註：昭和男子，日本昭和時期（一九二六～一九八九年）給人比較大男人主義的印象，認為男性應該主導一切、男性就是要保護女性等。

滿了相關書籍。

父親的手術很順利，住院期間母親也一直把手放在父親身上，對患部與其他所有內臟、細胞說著「謝謝」，替父親祈禱。

父親完全不相信這些，雖然也算不上討厭，但始終用不以為然的態度任由母親擺布。

接下來的十年間，父親的癌症從未復發，癌細胞也沒有轉移，現在身體依然十分硬朗。

讓我驚訝的不只這個，而是**父母的關係甚至出現戲劇性的轉變**。

原本沉默寡言的父親自那時起便動不動「老婆、老婆」地叫，父母感情好得不得了。我偶爾回老家時，父親還會不顧我們的眼光大聲呼喚道「老婆！」（笑）。我真的很想跟他說：「我們也在場耶……」

父親和母親恩愛到從前完全無法想像的程度。母親生日時父親還親手做卡片，上面寫著「謝謝」，平時也總是把「謝謝」掛在嘴上。

現在他們在旁人眼裡完全就是對幸福的夫妻。父母在我心中就是夫妻最理想的樣貌。

我心裡暗自認為，父親的改變**是因為母親當時念了幾萬次感謝的話，讓父親身心都轉變為「滿懷感謝的人」**。

我想，正因為有十年前父母發生的這件事，所以**我也才會在自己的家庭陷入危機時，直覺想到：「唯有語言才能改變眼前的現實！」**

◆語言會化為現實，思考不會

好了，現在正式進入學習YOKO法的事前準備階段。本節要說明我們每天若無其事使用的語言實則擁有極其巨大的威力，其力量甚至足以改變人生。

只要了解這個工具（語言）的威力有多強大，實際操作時便能深信「現在我正在用**最強的話語徹底影響著小潛」，而這分信念就有助於加速改寫潛意識。**

現在讓我們來深切感受這一點。

德蕾莎修女說過一段名言。

注意你的思考，他們會變成語言。

注意你的語言，他們會變成行為。
注意你的行為，他們會變成習慣。
注意你的習慣，他們會變成性格。
注意你的性格，**他們會變成命運**。

換句話說，**「思考會變成你的命運」「你心中所想終會化為現實」**。這和吸引力法則可說是完全相同的原理。

不過，控制思考往往很難做到。研究指出，人類一天會思考六萬次，而且絕大部分都是在無意識間進行的。

請你回想一下「有色眼鏡的自動思考」。

假如你戴著「我不受人喜愛」的有色眼鏡，那麼每當發生什麼事，你就會反射性地去想：「啊，我果然不受人喜愛。」

既然是自動思考的結果，就算用五%的意識勉強自己改變思考方式，占了九十五%的小潛的力量也會把你拉往反方向，所以這樣做的效率極差。

既然如此，YOKO法便要使用最強的工具——語言，「先一步改變自動思考（有色眼鏡）」。

因此，在使用YOKO法之後，「思考會變成你的命運」便不再成立，因為思考能藉由語言改變，所以改變的次序會是語言→思考→命運。

也就是說，結果是「語言會變成你的命運」。

以語言作為工具還有一個很大的好處。要控制思考極為困難（尤其是事態嚴重時），但語言「只要說出口就好」，因此非常容易控制。這真的是語言最大的優點。

◆「傳說之劍」能輕易打倒大魔王

這裡用一個負面的例子，來說明語言的威力是如何強大。請看下面的問題。

一個小孩每天聽到的都是負面的話，另一個小孩每天聽到的都是正面的話。他們未來的人生分別會是什麼樣子？

不用說也知道答案是什麼了，對吧？

我從小到大都聽到人們向我投來大量的負面話語，於是長大後就變成一個滿是負面有色眼鏡的大人，討厭自己、討厭別人、極度自卑、完全沒自信（現在情況已經大幅改善就是了）。

而且，**不只童年時期會受到語言影響，成年後也一**樣。

舉個例子，如果公司的前輩或主管每天不停對新員工說「你的工作能力真差」「完全派不上用場」「根本不行啊你」，你覺得這個新員工會變成什麼樣子？

現實中我就目睹過這種情況。以前待過的一家公司有名男性新員工便遭到如此對待。他在大學時期是橄欖球社的，照理來說擁有強韌的身體與意志力，但進了公司一年後，他整個人就變得很陰沉、萎靡不振，和剛進公司時判若兩人，就這樣辭職了。

僅憑這類相當生活化的例子，應該就能讓你明白語言對我們的人生會造成莫大的影響了吧。

當我們不斷聽到相似的語言後，語言會深入小潛體內，最終化為有色眼鏡，按照這些語言創造出相應的人格與現實。

而且，**不限於別人直接對自己說的負面話語，還包括自己說或聽到別人說壞**

話、說閒話、抱怨發牢騷等話語，也一樣會進入小潛的體內。

由於小潛不會區分自己與他人，所以當他聽到「那傢伙真讓人不爽」「那傢伙派不上用場」「爛透了」，他會理解為「我真讓人不爽」「我派不上用場」「我爛透了」。

如此長期累積下去，會演變成什麼樣子？想必你已經猜到了吧。

平時我們每天都毫無自覺地接觸到大量的語言。有自己說的、寫的、有聽到別人說的、看到別人寫的。

小潛會記錄下接收到的所有語言，其中包括我們自己說的話、別人說的話、新聞與媒體傳播的資訊等。

接觸較多負面的語言，就會走向負面的人生；接觸較多正面的語言，則會走向正面的人生。這樣說一點也不為過。

語言正擁有如此大幅左右人生的力量。

在不同的使用方式下，語言可能成為「強力武器」，也可能成為把自己逼到絕路的「被詛咒的道具」。

用我熱愛的電玩來比喻，我們在人生遊戲當中，打從遊戲開始，身上便裝備了足以打倒最終大魔王的「無敵道具」。

不過這是把雙刃劍，對敵方或己方都能造成巨大的傷害值。最終它會化為「最強的傳說之劍」還是「毀滅一切的受詛咒之物」，完全取決於我們自己。

語言不只有可能帶你上升到超乎想像的高度，同時也有可能讓你陷入無限循環的迷宮，永遠無法通往幸福的出口。

這樣說也許你會覺得理所當然，但我們的確有能力「選擇」語言。

從現在起一定要特別注意，你都是如何使用日常生活中必會用到的「傳說中的無敵道具」——語言。

◆YOKO法① 實現「物質願望」的方法

好了，終於要來學習ＹＯＫＯ法了。

ＹＯＫＯ法分成「想實現物質願望的時候」與「想實現精神願望的時候」，在不同情況下要使用不同的話語。

首先是「實現物質願望」的方法。這裡是參考「潛意識頻道（潜在意識ちゃんねる）」網站的內容，再加上我自己的詮釋。

請按照下面三個步驟，組織出適合的語言。

使用這三個步驟改寫潛意識，可以提高效率且更貼近自己的期望。

①「我也不知道為什麼」

＋

②「過程（一邊做著〇〇）

＋

③結果（得到〇〇、變得〇〇）

【組織語言的範例】

・我也不知道為什麼，玩著玩著，就月入一百萬日圓了！

・我也不知道為什麼，輕輕鬆鬆，就瘦了十公斤。

・我也不知道為什麼，睡個覺，每天就有五萬日圓進帳！

・我也不知道為什麼，一直盡情玩鬧，就變得超級健康了。

・我也不知道為什麼，安心過日子，就存到了兩千萬日圓。

・我也不知道為什麼，每天滿懷期待，就找到了理想的伴侶。

・我也不知道為什麼，只是享受著當下，就擁有了絕佳的人際關係。

下面一一分項說明如何組織語言。

①「我也不知道為什麼」

首先，每句話都有一句「我也不知道為什麼」。之所以要說這句話，第一個原因是**「不要去限制實現願望的方式」**。

我們不使用「我要拚死命地努力」這樣的語句。也不知道為什麼，現實就自動產生變化、願望就這麼實現了。我們要的是這樣全自動的語感。

第二個原因是，**「減輕潛意識小潛的抗拒感」**。我們要給予小潛新觀念的時候，最怕的就是它會「抗拒」。

小潛有個特質是「討厭改變」，每當它突然聽到一句沒聽過的話，就會產生抗

「我也不知道為什麼」

+

過程（一邊做著○○）

+

結果（得到○○、變得○○）

拒感：「這是什麼？我不要。我才不接受！」

一旦小潛產生抗拒感，五%的意識也會跟著產生「異樣感」「不適感」等不快的情緒。

關於「小潛的抗拒感」會在後面的章節詳細說明，包含如何對應的方法在內。不過簡單來說，只要說句「我也不知道為什麼」，就能減輕小潛的抗拒感。

改變定見的有色眼鏡時，關鍵在於「新概念有多順暢地烙印在潛意識裡」。這關係到實現願望的速度，所以這句話是一定要說的。

② 過程（一邊做著○○）

再來是過程的語句。

過程的語句要描述**「在怎樣的狀態實現夢想」**。

為什麼要加入這句話呢？做個比喻，你確實會得到「月入一百萬日圓」的「結果」，但如果是「累得要命」或「做牛做馬地工作」，那也沒什麼意義了。

大部分的人想實現金錢方面願望的時候，不只希望能獲取金錢，還會連帶加上「能自由安排時間」或「保持從容的心態」這類條件。所以，**我們也必須加入過程的描述句「想用怎樣的狀態達成目標」**。

過程的語句沒有任何限制，只要是能讓你滿意、一想到就覺得很開心的事情即可。例如：

- **玩著玩著**
- **享受其中**
- **做著喜歡的事**
- **興奮又期待**

- **輕鬆過生活**
- **有足夠的閒暇時間**

等等。

不過要注意，如果選擇「什麼都不做」之類的話語，小潛會覺得「怎麼可能有這種事」而引發小潛的抗拒感。

因此，**要盡可能選擇「可以連結到行為」的過程，例如享受著當下、帶著興奮期待的心情等**。

像是「一邊快快樂樂地工作」「一邊做著熱愛的工作」也可以。

順帶一提，**在當前這個時代，「睡個覺」就達成目標未必是天方夜譚**。畢竟透過部落格或影片分享資訊後，趁著睡覺的時間獲得收入，也是很正常的事。而投資也是一樣的道理。

如果真能「睡個覺」便實現願望，那就真的是太棒了。不過這件事也容易引發小潛的抗拒感，所以在剛開始嘗試時，如果感覺有點怪怪的，就要先暫時避免使用這句話。

我比較建議一開始先用「能讓你滿意、覺得很貼切」或「一想到就覺得很開心」的語句。

我自己很愛用「玩著玩著」這句話。我總是邊講邊笑得很開心地說：「要是用遊戲的心態來工作，和人們分享自己的喜悅便能賺取收入，那就太棒了！」

大家在這個步驟不必多想，只要憑直覺感覺到「好想在這種狀態下實現願望！」講出口時會忍不住笑得合不攏嘴就對了。不用考慮是否有可行性。只要單純選擇理想的樣態就好。

如果你還是不知道要用什麼語句，**請你想一個自己憧憬的對象，或在心裡偷偷**

羨慕的對象，而且這個人要讓你覺得「好想要像他那樣賺錢」「好想要像他那樣實現願望」。

假如你是羨慕他快樂的模樣，就說「盡情享受眼前的美好」；假如你是嚮往他身邊圍繞著許多人的模樣，就說「身邊圍繞著許多很棒的人們」。像這樣參考羨慕的對象也是一種方法。

無論你選擇怎樣的過程，**要以內心感覺是否契合、是否貼切為最優先考量。**挑選語句時請留意這一點。

③結果（得到〇〇、變得〇〇）

在這個步驟中，總算要來加入你想實現的願望。做法很簡單，**只要直接填入你的願望就好。**

不過，**這句話的時態必須是「現在式」或「過去式」。讓小潛聽起來像是已經實現的狀態，效果會特別好。**

因為小潛會想辦法讓輸入的資訊，與現實中發生的事物「互相吻合」。

新烙印在小潛身上的「定見的有色眼鏡」，如果是「我也不知道為什麼，只是享受著當下，就月入一百萬日圓了！」小潛就會想：「咦？這已經是過去式了，可是還沒成真耶，我得快點讓它成真！」於是開始著手讓「有色眼鏡」與「現實」的狀態互相匹配。

所以，我們一定要講得像已經發生了一樣。

關於這一點，吸引力法則普遍也有同樣的主張，大家應該很容易理解才是。

不過這裡要注意，如果你的月薪是二十萬日圓，卻突然開口說：「月入一億日圓！」就會激發小潛的抗拒感，它會直接判斷「絕對辦不到」。

因此一開始設計任何願望時，**都要選擇在目前現實中合理的範圍內、能讓你產生雀躍感的數字或程度**。

等到第一個願望實現後，再慢慢地拓展範圍。因此加快願望實現速度的訣竅，便是一開始不要太跳躍。

對了，這裡舉個我姊姊的例子給大家參考。

她從以前就常把「**我可是富裕階層**」掛在嘴上。當時她還不屬於富裕階層，大家聽到她這麼說也不會當真，只會被她逗笑而已。

但是後來姊夫竟被挖角到一間超大的公司，突然之間飛黃騰達，還真的就跨入富裕階層了！

這個例子告訴我們，**用語言的力量實現金錢的願望時，也有可能實際去賺錢的對象不是自己。**

「也不知道為什麼，我每天過得很輕鬆，老公就月入一百萬日圓了！」

所以，像這樣的句子也是可行的。

這是不是很讓人興奮呢？（笑）

不論是哪種願望，都不限於特定的形式。可以是自己來實現、可以讓伴侶來實現，也可以是從意想不到的地方降臨。只要是讓你覺得滿意、貼切，讓你感到雀躍欣喜就好，任何形式皆可。

當然，你也可以同時設計多個句子，例如說既讓自己實現願望也讓伴侶順風順水等。

無論選擇哪條路徑，都一樣會在「我也不知道為什麼」的心境下達成目標的！

◆YOKO法②-1 實現「精神面願望」的方法

也許你會問：「什麼是精神面願望？」

精神面願望是指，「希望自己是個怎樣的人」或「想要的生活方式」的部分。

總之就是人生的根基部分。我由衷盼望你的精神願望能和物質願望一起實現。

因為，**如果這個部分不穩固、搖搖晃晃的，即使處於再優渥的環境，你依然感覺不到幸福**。

我們不時會聽到有錢的上流人士與超人氣巨星突然自殺或罹患憂鬱症的消息。

他們擁有優渥的物質生活與社會地位，看似應有盡有，因此人們聽到這些新聞時往往感到費解，但其實他們卻承受著精神上的巨大煩惱。

這邊再以那個戴著「我不受人喜愛」的定見有色眼鏡的女性為例，即使別人對她說「我愛妳」「我喜歡妳」，她也會不由自主地想：「不可能有人愛我的」「肯定哪天就變心了」，因而無法相信對方說的話。

就算擁有很好的外在條件，她自己也無法敞開心胸去接納，這樣一來，要活得幸福簡直是天方夜譚。

若想讓人生過得多采多姿，實現物質上的願望自然是不可或缺的，同時也是一件很美好的事。

但是倘若精神上沒有滿足，物質看在眼裡便會失去光彩，永遠覺得「不夠，我還想要更多」，明明已經擁有很多了，卻會受到「空虛感」的驅使而過度追求物質生活。

反過來說，當精神獲得滿足，無論自己處於什麼狀況、發生什麼事，無論有沒有人在身邊、是誰在自己身邊，你都能充分感覺到「我很幸福」，不會有絲毫「害怕失去」的感覺。

其實在人生當中，擁有這種內心狀態才是真正的「無敵狀態」。

在這個狀態下，無論處於何種狀況都能活出「屬於自己的幸福」，不會被物質、金錢或他人牽著鼻子走。

用一般的話來說，就是「富有自信」的狀態。若想活出幸福的人生，打造出這樣的內心狀態可以說是最重要的。

一旦精神獲得滿足，現實環境也會出現劇烈改變，彷彿是為了能與這樣的內心狀態相呼應般。擁有幸福的內心狀態，便會有相應的幸福現實、接二連三降臨讓你覺得「好幸福啊」的事件。當精神獲得滿足，物質願望也特別容易實現。

因此，**先藉由「實現精神面願望」滿足內心，再一步步「實現物質願望」，才能更有效率地用理想的形式創造幸福人生。**

那麼，接下來我就要介紹**打造出「無敵狀態」的YOKO法**。這個方法的公式如下。

我怎麼會這麼〇〇啊！

只要將**自己心目中的「理想的狀態」填入**這個〇〇中即可。

理想的狀態可以是「受人喜愛」「被人珍惜」「受到尊重」「被人認可」「自信滿滿」「迷人」，什麼都可以。

實際填入理想的狀態後，就會變成下面的句子。

【組織語言的範例】

「我怎麼會這麼受人喜愛啊！」
「我怎麼會這麼充滿自信啊！」
「我怎麼會這麼受人尊敬啊！」
「我怎麼會這麼受到重視啊！」
「我怎麼會這麼迷人啊！」
「我怎麼會這麼被人認可啊！」

關於〇〇要如何選擇，透過回答下面問題，會比較容易找到適合你的答案。

- 父母眼中的你是什麼樣子，你會很開心？
- 聽到別人怎麼讚美你，你會很開心？

「我怎麼會這麼〇〇啊！」

尤其第一個問題特別重要。

「你希望自己在父母眼中是什麼樣子？」

這個問題說是濃縮了所有問題也不為過。這個對象可以是父母雙方，也可以是父親或母親其中一人。只要是你容易想像答案的即可。

假如你沒有父母，那麼對象就是把你養大的人。

回答這個問題時，要暫時脫離你與父母現在的關係，想像自己回到小時候、用單純天真的心坦率回答。

你浮現出了什麼答案？

是否浮現「想受到認可」「想要被愛」「想被珍惜」等心情呢？**這就是你現在內心想獲得滿足的部分**。

假如你還是不太清楚，那就回答第二個問題。聽到別人怎麼誇你，你會覺得

「最開心」？

「好厲害」「好迷人」「好聰明」「好漂亮」「好帥氣」「好體貼」「太棒了」等，應該有很多才對。請選個你愛聽的讚美詞填入公式裡。

之所以要用「我怎麼會這麼○○啊！」的句型，是因為我們只有在內心的滿足感達到一○○%的最大值時才會使用這樣的表達方式。

不同的表達方式會大幅影響接收者的情緒，因此只要套用「我怎麼會這麼○○啊！」這個公式，便能最大限度地提高語言的威力。

「我怎麼會這麼受人喜愛啊！」帶來的語言威力遠大於純粹說「我受人喜愛」，這樣會更容易深入小潛心中。

而且，「我怎麼會這麼～啊」的句子也更容易讓我們投入感情。

由於小潛對情感很敏感、會做出強烈反應，因此這樣說能更高效、也更容易烙印在潛意識當中。從小潛的角度來看，突然間來了一句強而有力的話語還伴隨著感情，它會驚訝著：「咦？原來有這麼棒的東西啊！那我要趕快記下來」並快速動手把這個訊息深深烙印到身上。

另外，**你也可以組合多個詞語**，例如「**我怎麼會這麼受人喜愛、這麼充滿自信又迷人啊。我真是太棒了……**」諸如此類的（笑）。

順帶一提，我自己則是「想受人喜愛」和「想被人接納」的心情特別強烈。

長久以來我都沒察覺到這一點，一直渴望他人與外界的愛與接納，但是無論我

得到多少人的喜愛和接納，內心始終無法滿足。

不過，自從我對自己說了這些話之後，慢慢開始懂得接納自己，從以前的「超討厭自己」變成現在的「有點喜歡」了。

我也在第二章提過，**我並沒有勉強去「喜歡上自己」或「認可自己」，只是單純講出口，然後自然而然就變成這個狀態了**。

不用說，現實也有了大幅轉變，出現大量接納我與喜歡我的人們。雖然多少還是會遇到欺負我的人（笑），但是我已經不太在意了。

明明我做的事「只有改變自己說的話而已」，但我的心態和現實都「自動」改變了。我深刻感受到，小潛在我不知道的地方，按照這些話語替我創造出了現實。

最近我看了一本書，書中提到一名年輕的不動產業務員，他從還沒做出成績時就常把「我真是天才」掛在嘴上，結果從原先的月收入十七萬日圓，透過投資不動產，變成了年收入兩千四百萬日圓。

這個人最厲害的地方是，在他做出成績後，依然**繼續對自己與「別人」說著「我真是天才」**。

他一開始說這句話時，大家自然是不會搭理他，但就在他說著說著，身邊的人們也逐漸開始說「那個人真的是天才」，發自內心地肯定他。

小潛確實擁有讓一切事物成真的力量。只要改變口中說的話，自己與別人的心態也會出現一百八十度轉變。

嗯，語言果然太厲害了。

不必由你想方設法，語言便會自動把一切帶到你想要的方向。

◆YOKO法②-2 將所處環境變成理想狀態的方法

這個方法還可以實現一種願望。

除了解決「希望自己是個怎樣的人」的問題，還可以「將所處環境變成理想狀態」。將你置身的環境轉化成你想要的樣貌。

找出答案的關鍵在於「你希望用怎樣的心情度過每一天」。將這個「心情」套入公式並每天說出口，所處環境便會自然而然順應你想要的心情發展下去。

舉個例子，如果你的願望是「每天安心度日」，那麼你擔心的事情便會獲得解決、討厭的人遠去、有人來幫助你；如果你的願望是「想感到富足」，就會得到額外收入、薪水增加等。總之，你置身的「環境」會逐漸轉變。

這個公式大致和前面一樣。

怎麼會這麼○○啊！

這裡要填入**「你希望每天生活在怎樣的環境裡」**。

例如：「感謝」「幸福」「富足」「令人安心」「平靜」「舒暢」「和平」「自由」「開心」「令人興奮」。什麼都行。

「怎麼會這麼令人安心啊！」

「怎麼會這麼富足啊！」

「怎麼會這麼自由啊！」

如果你想生活在感謝的環境裡，句子就是**「怎麼會這麼令人感謝啊！」**配合你的詞語，適當修改整個句子。

持續把「你希望每天生活的環境」掛在嘴上，這分訊息就會進入小潛當中，將環境調整出符合語句的狀態，讓你真的能感受到富足與安心。

這裡舉個透過語言的力量改變環境的真實案例。

一名五十多歲的男性總是和某一個同事處不來，雙方發生過無數次爭執。在工作氣氛日漸沉重的情況下，這名男性於是開始持續念著改寫潛意識的語句。

結果**過了沒幾天，對方竟然突然辭職了，這件事讓這名男性非常吃驚，因為他一直認為這是不可能的事，於是深切體認到語言的威力**。

如果你不太清楚要選擇什麼詞語，請先回答下面問題。

「當你處在怎樣的心情下，你會覺得很幸福？」

也許是你整個人感覺很安心、很放鬆的時候；也許是和家人共度快樂時光的時候；也許是和朋友開心歡笑的時候；也許是待在自己喜歡的地方的時候。

想到一個讓你覺得「啊～好幸福啊！」的時刻，再填入當時你感受到的心情，例如「快樂」「開心」「興奮」等詞語。

你也可以換個方式，先想想你經常產生哪些負面心情，再倒推回去。像是下面這樣。

- 煩惱　→　安心
- 焦躁　→　平靜
- 空虛感　→　富足、滿足

・無聊　↓　開心、興奮
・活得很艱難　↓　自由

凡事都是互為表裡，**負面事物的反面隱藏著「你真切渴望的正面心情」**。

你平時最常出現的心情是什麼呢？請利用你的負面心情，找到你「希望用這樣的心情度過每一天」的答案。

◆如何將擬定的語言實際運用在日常生活中

現在你是否明白「如何組織實現願望的語句」了呢？

希望你已經順利按照你想實現的願望，組織出合適的語句了。

不過，我想應該還是有些人不清楚該怎麼做。如果你有這個問題，建議你優先組織②－1「實現精神面願望」的語句，這樣一來，也會更容易實現物質上的願望與期望的環境。

組織完語言後，剩下的就是將語言烙印到小潛身上。小潛有項特質是「對不斷重複的事物有反應」，因此要一直不停述說以加深小潛的印象。

不過有一點要特別注意。

人類有一個特性，今天知道的資訊，到了明天就會忘記一半以上（汗）。所以今天組織好的句子，一到了明天，很容易會變成「咦，到底是什麼啊？」的情況。

這就好比你在新的一年許下了新年新希望，但只過了三天就徹底忘個精光一樣。我從小到大訂下的新年新希望就一次也沒達成過（笑）。

這麼說也許會讓你意外，但**實現願望的過程中，最重要的一點可以說就是「不要忘記」**。

我建議首先第一步是，把你組織出的語句放到絕對會看到的地方。例如寫到紙上並貼在醒目的地方或設成手機的待機畫面，這樣就能先確保「不會忘記」。

再來下一個問題是，**一天要說幾次**？

一天說幾次都可以，次數越多越好。但是若一開始的目標太過遠大，通常都沒有好下場（笑），所以與其重視次數，能確實做到才是最重要的。

剛開始從每天一分鐘做起，也是完全沒問題的。

以我自己為例，現在我每天說的次數落差很大，有時一天會心無旁騖地連續說個三十分鐘，有時一天沒說上一句。

若把眼光放長遠來看，能長期持續才是最重要的，所以偶爾沒說也沒關係。

想要長期持續下去，最重要的就是養成「說出來」的習慣。要像刷牙一樣，不做就覺得渾身不對勁，培養出這樣的感覺就對了。

可能有些讀者聽到「習慣」一詞會有抗拒感，其實完全可以放心，這裡有個極其簡單的方法，可以助你養成這個新習慣。

那就是「**將話語與日常生活緊密結合**」。

你的生活中有些每天必做的固定事項，對吧？

這些事情已經變成每天的習慣，像是早上起床後洗臉、刷牙、淋浴、化妝、吃早餐、通勤等行為。

「將話語與日常生活緊密結合」是指**將「說出語句」結合到這些已經成為習慣的行為當中**。

例如說：洗澡＋說出語句、通勤＋說出語句。將「說出語句」結合到原有的習慣裡，遠比單獨養成一個新習慣更容易。感覺就像是「順便做」一樣。

像我自己是選擇在洗澡時、開車時、上廁所時做（笑）。**我會把「說出語句」這個新習慣結合到那些我一個人獨處的時間裡**。

在確實養成習慣前，我都將語句寫在紙上，貼在浴室門上和車裡。一看到就會想起來「進入浴室就要說這句話」「一上車就要說這句話」。

特別是洗澡和開車這兩件事是沒辦法看手機的，時間完全空出來，做起來也就特別容易。

剛才提到我「有時一天會心無旁鶩地連續說個三十分鐘」，其實就是因為那段時期的開車時間剛好是三十分鐘（笑）。

所以在我沒開車的日子，可能就一次也沒說。我都是用如此輕鬆隨意的感覺來做的。

「輕鬆隨意」也是一大重點。

一旦心想「我絕對要一直保持下去」，往往就無法持續太久，或是在做不到的時候忍不住批評自己。最好的做法是建立如以下良好的心態：「在狀況允許的時候做」「狀況不允許的時候不做也無妨」「雖然說得不多但確實每天都有做，我真棒♥」。對自己好一點。

只要能確實養成習慣，就算用輕鬆隨意的心態進行，奇蹟也會接二連三地降臨。剛開始一天只有一分鐘也無妨，請抱著輕鬆的心情試試看。

再分享一個會讓人心情有點沉重的訣竅。

人性的一項特質是：以「我才不要維持現狀」的負面心情為動力，遠比「我想實現夢想！」的正面心情更能激發幹勁。

請想像一下。

假如你維持現狀再過個十年，十年後會是什麼情景呢？

再想一想，假如你在這個當下藉助語言的力量改變現實，十年後又是什麼情景呢？兩者會有多麼巨大的差異？

「嗚，我一定要立刻馬上開始做！」應該有很多讀者會這麼想。只要稍微從這個角度思考，就能激發你的幹勁了。

但是也不必驚慌著急。

只要抱著**「我正在『選擇』自己理想的人生」**，這種「一切由自己掌控」的心**態**，就能保持內心的從容，舒服自在地長期持續下去。

◆如果說出實現願望的語句時感覺怪怪的，怎麼辦？

在前面介紹YOKO法時有提過，即使你已經幹勁滿滿地下定決心：「我要用這個語句來改寫潛意識囉！」但是**有時候當實際把語句說出口，會馬上感覺不對勁或升起厭惡感**。

還有的時候剛開始不會感覺怪怪的，但是慢慢地會產生不舒服的感覺。而這些全都是討厭改變的小潛產生「抗拒感」的表現。

對小潛來說，改變會讓他不安。

「一直以來這樣不也過得好好的，若是貿然更改，不知道會變成怎樣。我不要！」他會陷入擔心害怕的狀態。

這個情況特別容易出現在**實現精神面願望時**。

舉例來說，當「我不受人喜愛」「我沒自信」「我無法接納自己」的想法深入小潛心裡，已經形同是深刻的「傷痕」。

這個時候，請你以「撫平小潛心中烙印的傷痕」為優先，不必使用YOKO法強行施加正向語言。

一旦忽略小潛的聲音、強行說出語句，就會讓自己變得越來越痛苦。

遇到這種情況時，請善加利用心理學的方法「**自我疼惜**（Self-compassion）」。

self意指自己，compassion意指體貼或慈愛。

也就是說，**自我疼惜就是「像愛護自己所愛之人那樣愛護自己」，亦即自己對自己好的意思**。

為了方便大家理解自我疼惜的做法，我們來看看人物A的情況。

A被指派一項工作，必須交出成果。A為了回應主管的期待，拚盡自己的全力完成後，主管卻非常不滿意，在所有人面前猛烈批評A。

如果A是「你重要的人或親近的人」（特別喜愛的名人也行），你會用什麼心情、對A說些什麼？

「你應該很難受吧，我想安慰你。」「好可憐喔，你還好嗎？」「你真的很難受吧，我能體會你的心情。我能為你做些什麼？」想必你會用體恤的態度來對待對方才是。

自我疼惜就是**用這分對待親近的人的態度來對待自己、說些溫柔的話語**。

比如說，假如你心中有著「我不受人喜愛」的深刻傷痕，就試著對自己說下面的話。

首先把手放在胸口，接著說：

「長久以來你一直覺得自己不受人喜愛，現在突然聽到『我受人喜愛』會嚇一跳吧？真的很對不起，嚇到你了。」

「你一直都很難過、很害怕吧？」

「從現在起，你不必再覺得是不受人喜愛的囉，你有資格活得幸福。」

「一直以來你真的很努力了。」

宛如是在溫柔對待你重要的人一般，靠近你的內心、對自己說說話。

假如不知道要說什麼，請假設你重要的人和你因為同樣的事而難過，想像一下

你會對他說些什麼。

如果還是沒概念，就請說些能讓人安心的話語，例如「沒事的」「放心吧」「你真的很努力了」。

對自己說些溫柔的話語，會稍微減輕原有的痛苦與抗拒感。這麼做能靠近自己的真實心情，因此可能會不自覺地流淚。遇到這種狀況，**請盡情釋放奔湧而出的感情、不必忍耐**。大哭一場、讓心裡舒暢點也是不錯的做法。這麼一來，傷口便會更快癒合。

近年來，各國心理學家的研究都指出，自我疼惜對多方面都有良好的影響。日本關西學院大學文學院綜合心理科學系的有光興記教授主張，高度的自我疼惜能帶來下面三個效果：

① 增加幸福感。

② 減輕壓力。

③ 更快擺脫逆境與困難，迎接新的挑戰。

看來心理學也證明了，只要運用自我疼惜來撫平深刻傷痛，便能得到極大好處，說是奠定人生的基礎也不為過。

總而言之，我們要靠自己來治癒自己。自我疼惜之所以擁有卓越的效果，是有原因的。我們往往是向「外界」追尋自身價值，例如渴望獲得別人的接納與認可、取得金錢或社會地位等。但其實**每個人最渴望的，是被自己接納**。

自我疼惜正是體現了這個觀念，因此越是這麼做就越能撫平內心的傷口。

進行自我疼惜時的訣竅是**「去靠近心中的擔憂與懼怕，不要抗拒」**。

只要撫平傷口，小潛的抗拒感也會逐漸減少。

其實，小潛只是在擔心「要是出現新的變化，可能就不再安全了，會暴露於危險之中」。

所以，只要對小潛說些能讓它放下心來的話：「真的會很害怕、很擔心對吧。可是我們不用怕改變，可以放下心來，沒事的，慢慢來就好。」**小潛也會逐漸開始接受：「咦，原來接受新的價值觀也不會有事呀？」而減輕抗拒感。**

不過假如傷口太深，抗拒感就會一再出現，因此每當你感覺心裡不舒服或焦慮，就進行自我疼惜。如此反覆操作。

由於小潛「會對一直重複的事物有反應」，所以每次的自我疼惜都會確實帶來改變。

◆「小弟」會助你一臂之力

這個方法我曾在YouTube介紹過並獲得熱烈迴響，說白了，其實就是從不同角度進行的自我疼惜。

做法是**想像自己心裡住著另一個人格，讓這個人格來鼓勵你**。當時我在影片裡是建議大家想像一個「打從心底尊敬你的小弟」。

之所以是「小弟」，是因為感覺幫派的人很重視階級地位，會超乎尋常地服從並尊敬大哥（笑）。

無論你做什麼，這個小弟自始至終都會用尊敬的眼神看著你。比如說像這樣來鼓勵你。

「YOKO大姊真是太厲害了！我從很久以前就一直很尊敬妳。不管發生任何事，我一輩子都會追隨妳的！」

「YOKO大姊，妳在難過什麼啊！可是難過的大姊很少見，倒也不錯啦。我不會告訴別人的，現在我轉過去背對妳了，妳可以盡情哭喔！」

我心中的小弟基本上都是用大嗓門說話的（笑）。

把當下你希望別人對自己說的話，讓這個人說出來。

由於小潛「分不清現實與想像的差別」，因此就算只是腦海裡妄想出來的鼓勵話語，**它也會認為是「真的發生了」**，於是便有撫平傷口的效果。

人們在冥想之後，經常出現落淚反應或感覺神清氣爽，就是因為在小潛的作用下，內心確實出現變化。腦海裡的想像會帶給內心巨大影響。

至於這個鼓勵自己的人格，並不是非要小弟不可。

可以是你喜歡的藝人、YouTuber、IG網紅、尊敬的人，甚至是漫畫人物、電影或連續劇裡的虛構人物、歷史人物等。

選擇對你來說「如果能被這個人鼓勵，簡直就像置身天堂一樣美妙」這樣的對象最有效。並非一定要真實存在的人，也可以是你創造出的人物、寵物或玩偶等。

順帶一提，當時我在那個影片裡有說，我是用《進擊的巨人》中的韓吉與艾爾文團長來鼓勵我的。

不過現在我又變了很多，如果是活躍於各類媒體的藝人「整形男子Allen（整形男子アレン）」鼓勵我，我會最高興（笑）。光是看到他，我就覺得無比幸福♥

如果需要，你也可以自由想像「和這個人格做些什麼事」的情境劇。例如一起吃飯、在海邊靜靜地看海、翱翔天際、在家裡約會。只要是想得到的都行。

對了，我自己最喜歡的情境是，和Allen一起享用他最愛的超高檔晚餐，兩個人聊著沒營養的內容並捧腹大笑。我總是一邊妄想著這個情境，一邊盼望有一天會成真。

另外，也可以同時擁有多個鼓勵你的人格。例如：美國歷任總統排排站大聲替你加油；你站在日本武道館等級的大型舞台正中央，台下觀眾全體起立為你鼓掌；BTS（防彈少年團）所有成員唱歌給你一個人聽等。諸如此類的情境都行。

判斷標準的關鍵是：受到對方鼓勵的時候，你是否覺得很開心、感覺整顆心都輕鬆起來了。

這個方法用在心情低落的時候最能見效，可以立刻打起精神，不必想得太複雜、用愉快的心情試試看吧。

YOKO的小故事

3

「全自動款待神明」

我從以前就很愛上美甲沙龍。

但自從小孩出生後一直都沒時間去，最近總算比較閒了下來，於是我開始每三週上一次美甲沙龍，把指甲弄得美美的。

光是看到美美的指尖，感覺我的磁場都增強了。

我偏好簡約典雅的設計，但也喜歡配合萬聖節等節日製作特殊的風格。

和美甲師聊天也是一大樂趣。我們總是聊些沒有意義、毫無用處的內容，不時穿插著爆笑聲。

我們聊過最沒意義的內容是，螞蟻和蜜蜂誰比較強（笑）。

最後得出的結論是螞蟻（原因說來話長）。

我熱愛美甲沙龍的原因還有一個：因為美甲師會悉心周到地「全自動」款待「我這個神明」。

靈性界主張我們每個人都是「創世主」，宛如神明一樣的存在。

所以，整理「身為神明的我」居住的房間與個人物品、像對待神明那樣細心呵護自己的身體，具有增強運氣的效果。

不過，房間和個人物品基本上都得由自己整理，偶爾會覺得超～麻煩的（笑）。

但指甲只要去美甲沙龍，就可以完全交給別人來做，我這個神明便能擁有美美的指甲。我只要坐在那裡，就能充分享受神明應得的細心呵護。

「我這個神」喜歡簡單又輕鬆的東西！

我最怕麻煩了，不管是實現願望、還是款待自己都是如此，所以我選擇全自動進行♥

神的幸福時刻

第四章

讓願望加速實現，甚至超乎你原先想像的祕訣

◆用「負面思考」來加速實現願望

接下來要介紹如何更有效率地推動小潛的運作，讓現實發展成你想要的樣子。

首先第一個方法是「負面思考」。

我為了加深各位的印象故意取了這個名字，**其實這裡的「負面思考」是指將某種東西從你的生活「消除、變成負值」的意思。**

我們要消除的就是「負面語言」。

前面已經說過，小潛聽得到我們日常生活中說出的每句話。如果你像機關槍一樣不停說別人壞話、抱怨或貶低自己，就算你非常認真地使用ＹＯＫＯ法說出正面的願望，還是追不上負面語言累積的速度。

小潛會創造他身上「烙印最深的部分」，於是便會優先選擇負面的部分，創造出負面的現實。

難得我們有心要輸入正面語言給小潛，卻因為說出負面語言而徹底阻礙了正面語言進入。畢竟我們也是人，心態總會有負面的時候，這也是沒辦法的事，**但是我們可以憑藉自己的意志力「盡可能少說負面的語言」**。

說人壞話自然是不用提了，而其他像是「很慘耶」「也太爛了吧～」「什麼鬼啊！」「太可惡了！」「糟糕死了～」之類可能是用半開玩笑口氣說出來的話，也要請你多加留意。想想看，這些話真的是非說不可的嗎？

其實，光是將這些話替換成「哇～！」或是「真的假的？」表現出的情緒與給人的印象就會大相逕庭。

另外，**譴責與否定別人的話語會像迴旋標一樣回到自己身上，所以一定要特別注意。**

小潛的特質之一是「**潛意識無法區別他人與自己**」。每當你說出「那傢伙真讓人不爽～」「那個人真是爛爆了」「他絕對會失敗啦」，小潛會全都認為「啊，這是在說我」。

雖說如此，但也不是要你嚴厲約束自己「一句負面的話語都不能說」。如果憋著不說會讓你感到痛苦，那麼發洩一下也可以。

只不過，應該要有意識地減少頻率。

如果原本每天都會說出負面的言論，那麼請有意識地做出改變，比如要求自己「明天不要再說了」，或者試試換個說法。

對小潛來說，「最後面的話語更容易烙印到身上」，所以假如你不小心說了別人的壞話，那麼可以在後面緊接著說句正面的話來補救，例如「話雖如此，那個人還是有優點的」，或是「可是我也有受他照顧，那就扯平了」。

當你不小心脫口而出負面話語，看是要補句話抵消：「啊，不小心說出口了。剛才的不算！」或是對聽你講壞話的人說：「我氣壞了一時忍不住，謝謝你聽我說這些。」

這當然不是說只要最後用正面語言收尾，其他時候就可以盡情說壞話了。充其量不過是萬不得已時的補救措施而已，平時還是要盡量少講負面話語。

首要之務是減少負面話語，如果實在忍不住說出口了，那麼最後就加句正面話語來收尾。

我們可以自由選擇自己說出口的話，請採取自己比較容易做的方式吧。

◆充分運用所有感官來加速實現願望

小潛具有「喜歡圖像與感官知覺」的特質。

據信，伴隨感官知覺接收到的話語，會更快烙印在小潛身上。這一點我自己也深有體會。

本節會一一介紹我自己在用的、輕鬆運用五種感官中聽覺、視覺、觸覺與嗅覺的方法。

【聽覺】

聽覺最簡單，只要單純說出YOKO法的語句就好了。

透過自己的耳朵「聆聽語句」，更容易被小潛吸收進去，所以把YOKO法的**語句實際說出來會比在心裡說效果更好**。

另外，把話說出口還有一個優點，那就是不容易產生雜念。

在心裡說可能會「不知不覺想到別的事情，結果就停了下來」，因此我建議把話說出來，就算很小聲也無妨。

【視覺】

人是健忘的動物，所以一開始要把組織好的實現願望語句寫到紙上，貼在隨處可見的地方。這一點前面已經提過了。

寫在紙上是個一石二鳥的方法，不只能確保「不會忘記自己的願望」，同時還能額外獲得「語句透過視覺更容易進入潛意識裡」的效果。

這就好比考生把「絕對要考上！」的紙條貼在房間裡，公司的業務部門將寫著目標的字句「這個月也要達到業績的〇％！」貼在牆上，我認為都有相同的效果。

還有一種常見的方法是，在軟木板釘上自己理想的房子、車子或想去的旅遊地點的圖片，每天觀看，讓心中的圖像具象化。這也是基於相同的原理。

如果情況允許，就將照片或圖像連同語句一同貼上，也能進一步提升功效。

這裡分享一個我運用視覺獲得成效的親身經歷。

我曾經利用小潛的力量，**不費吹灰之力地輕鬆瘦下了五公斤**。

當時我在體重計顯示數字的地方貼上一張寫著理想體重的紙條，讓自己經常會看到，同時還把擁有我理想體型的模特兒設成手機的待機畫面每天觀看。

我深切體會到，視覺接收到的具體數字與圖像能進一步增強語言的威力。何況只要用看的就好，真是太輕鬆了（笑）。

我身邊還有一個真實案例，我老公的姊姊（大姑）每天會在筆記本上寫一百次願望，後來願望真的成真了。

她在地方經營一間小小的咖啡廳，甜點項目裡的司康餅特別受歡迎，於是她便把店面重新改成「司康餅專賣店」，結果一躍成為超人氣名店。

當時韓國正值冬天，氣溫在零度以下（我老公是韓國人，大姑住在韓國），而且還是**新冠肺炎流行時期，店門外卻大排長龍，月營業額與事情的發展方式全都按照她在筆記本上寫的那樣**。

順帶一提，我也曾想效法她每天在筆記本寫一百次，但是才做第一天就受不了了……真沒想到連一天也撐不下去，我都被自己驚呆了（笑）。

感覺還是寫個一次後直接貼在某個地方，接著用看的和說的比較適合我。找到適合自己的方法才是最重要的。

【觸覺】

溫柔地觸碰自己或活動身體來振奮情緒。這個方法既簡單易行，又能得到極大的效果。

關於「觸覺」的運用方式，我特別建議在進行自我疼惜的同時進行。

將手放在胸口上、摸摸頭、擁抱自己（雙手環抱自己的身體），撫慰的威力便會倍增，烙印在小潛身上的傷口也會逐漸癒合。只要滿懷疼惜地觸碰自己，自然就會感覺有股暖流湧上心頭。

由於小潛「對情感的反應很強烈」，因此只要帶著感情對自己說些溫柔的話語，像是「感覺好溫暖喔、好安心喔」，就能進一步提高實現願望的效果。

另外，活動身體也有不錯的效果。比如說，一邊說「我也不知道為什麼，玩著玩著，就月入一百萬日圓了！」一邊用力握拳、雙手高舉歡呼或是跳起來，這麼一來，小潛也會強烈反應道：「喔？好像發生什麼好事了！」

擺出用力握拳的姿勢說「太好了！」情緒也容易伴隨身體的動作湧現出來，偶爾試試試看也不錯。

【嗅覺】

嗅覺是五種感官裡最接近本能的一種。我想許多讀者應該也有過**氣味與記憶連結的經驗**。

本應是遺忘已久的事，可就在不經意吃下一口菜餚、香氣在鼻腔中擴散的那一刻，突然回想起小時候在老家的回憶；在聞到汗水和泥土混雜的氣味時，彷彿瞬間回到了學生時期的社辦。大家應該都有過類似的經驗。

順帶一提，每次我聞到新車的味道就會想起學生時期的前男友（笑）。那個時候我們超~級恣意妄為，因為可以開車自由來去任何地方便飄飄然了起來，總是不為任何目的跑去台場、什麼都沒做就這樣回來（因為沒有錢），這樣的日子持續了好長一段時間。

在我當時的觀念裡，「去台場」是一種階級地位的象徵（露出得意的表情）。

我想有些讀者應該很想聽我繼續說下去，可要是一直講我的小故事，那這本書肯定寫不完了，所以容我就此打住（笑）。

總而言之，氣味與記憶是緊密相連的，我們甚至會在聞到氣味的那一刻馬上湧現「啊，好懷念！」的情感。研究指出，其中原因是因為五感中唯有嗅覺能直接傳遞訊號到大腦的海馬迴，而海馬迴就掌管著我們的記憶。

我自己利用氣味的方式是，**「將美好的記憶與香味連結在一起」**。

做法超級簡單。**點上你喜歡的香氛蠟燭或擴香，放鬆身心，一邊看著符合你理想目標的圖像，或是幻想自己理想的生活樣貌。**就這樣。

說白了，要做的只有笑咪咪地躺著而已。

只要一邊聞著香味、一邊看著意象圖或在心裡幻想，**就能輕易將這個香味與記憶做綁定、一併記住。**

反覆做許多次以後，每當你聞到這個香味，就會喚起美好的記憶，馬上擁有好心情。

由於小潛具備「喜歡圖像」與「對情感的反應很強烈」的特質，因此透過將腦海裡的意象與好心情連結在一起，也比較容易進入小潛體內。

香氛蠟燭單憑香味就有放鬆紓壓與淨化空間的效果，因此當你身心疲憊或心情不好，這個方法可說特別有效。

順帶一提，我在錄製YouTube影片時，都會點上喜愛的香氛蠟燭，以幫助我提高專注力！

◆將一切託付給尊敬的人來加速實現願望

本書一開始就說過，我本就是個懶惰鬼，有時候甚至覺得還要自己來把話說出口真是太麻煩了。

如果你也有這個問題，請一定要試試看「交給別人去做」。

做法是觀看、聆聽或閱讀「活出你嚮往的姿態」或「已經過上你嚮往生活」的人們所發布的訊息。

這邊要特別注意的是，這些人是用了你嚮往的「生活法」，而不是「你嚮往的人」。

一個人能夠活得漂亮出彩，背後必定有相應的「心態」「思維模式」與「處世原則」做支撐，所以我們要多去接觸這些部分。

如果可以選擇，**最好是社群媒體、部落格或YouTube之類，比較有機會涉及對方「本人」意見與價值觀的平台**，而不是電視節目。

人會受到頻繁接觸的事物所影響，所以只要不停接觸對方的資訊，我們的心態自然會逐漸向對方靠攏。

順帶一提，這些用著你嚮往活法的人們所傳達的內容，並不是非得用「語言」的形式不可。

一個人的態度或發表的內容，必定會體現這個人的「心」，並不一定要透過直接的話語。我們應該去接觸這分能量，或者說是氛圍。

關鍵在於**多去接觸對方散發出的美好能量**。

曾經有個人幫我改變了「定見的有色眼鏡」。

長久以來我都覺得捲頭髮很麻煩，一直是「理智覺得該去做，但卻總是懶得做」的狀態。

直到有一天，我在ＩＧ看到一位很棒的美髮師，有支影片是她每天捲頭髮捲得很開心的模樣。

這個人傳達的訊息就是下面的感覺。

影片中的她只是開開心心地捲著頭髮，一句話也沒說，但我每次都感覺到那股「氛圍」彷彿在說著下面的話，也許是她的內心透過畫面展現出來了。

「捲頭髮真的很快樂喔！」

「看！就是這麼簡單！」

「只要簡單的步驟就能變這麼漂亮，還有什麼比這更棒的？」

「大家也來試試，一起變漂亮吧！」

我每天都默默地看著她的影片，心想「真的好厲害喔～真希望我也能捲出這麼漂亮的頭髮」，結果就在不知不覺間，我的心態竟也發生轉變。

從「捲頭髮＝好麻煩」

變成了「捲頭髮＝既快樂又能變漂亮」。

實在不可思議。我的有色眼鏡自動改變了。

連語句都不用說，**簡直就是「全自動」改變的感覺**（笑）。

所以現在捲頭髮對我來說完全不是苦差事，倒不如說，我每捲一束頭髮，都感覺到自己正在改變，好開心啊。可以說完全複製了她的心態。

我們的目的便是「複製對方美好的心態」。

人真的很不可思議。不必直接與對方互動，只要接觸對方傳遞的訊息，思維模式就會越來越像對方。

這個方法的關鍵就是「頻繁接觸」。因為小潛「會對一直重複的事物有反應」，所以我建議大家一定要多去接觸這些人發布的訊息！

不過，假如你在過程中產生「反正我也做不來」「只有這種人才辦得到啦」等強烈的不快情緒，這就是有色眼鏡的表現。

當你遇到這種情況，請先念YOKO法的「實現精神願望的語句」，或是進行自我疼惜。

對了，你嚮往的對象可以精簡至一個人，也可以有兩個以上。

如果你屬於容易分心的類型，那麼一個人就夠了；如果廣泛涉略許多人想法的做法比較適合你，那麼兩個人以上也可以。

我自己的做法是**每個類別各選一個人，美容固定這個人、精神決定論固定這個人、處世方式固定這個人，就像這樣的感覺**。

我不會每天固定接觸所有人的訊息，而是按照當下的心情來選擇，例如心情有點低落時接觸精神決定論的人、一鼓作氣想學習美容時接觸美容的人。

請用你覺得舒適自在的方式來進行就好。

另外，「交給別人去做」還有一種能強力推動小潛運作的應用法。

這個方法稍嫌激烈了一點，那就是接觸「你嫉妒的人」所散發的能量。

特別是那些激起你強烈反應「太誇張了吧！怎麼可以這樣啊！」的人們，最是隱藏著你心底真正的渴望。

舉個例子，以前我曾經認識一個人極度厭惡有錢人，開口閉口總是「有錢人真骯髒、有夠壞的」。

我也一直認為「他應該很討厭有錢人」，直到有一天發現他每期都會購買大量的彩券。

於是我不禁想著：「咦，他其實很想變有錢吧？原來只是嫉妒別人而已！」

一樣的道理，**一旦你內心深處渴望某些事物卻得不到，你對那些已經得到之人的心情可能會超脫「羨慕」，進一步發展成「厭惡」。**

假如你也有這樣的對象，或許這個人正能幫助你粉碎現在的有色眼鏡。

這是因為，**這個人的處世方式或思考方式，是單憑你一個人絕對想都想不到、**

在你心中宛如禁忌般的事情。

然而對方卻極其輕易地就做到了，你便會感覺自己的有色眼鏡被徹底粉碎。剛開始你會覺得「怎麼可以做那樣的事！」但隨著接觸得越深入，你會逐漸習慣，不知不覺也開始認為「其實那樣的處世方式倒也未嘗不可」。

於是，你可能會在不知不覺間和對方做出一樣的事情。這也屬於透過接觸一個人的處世方式或能量，無形間改變有色眼鏡的一種方式。

由於這個方法會引起強烈的情感波動，因此也會強烈進入小潛體內，迅速改變你的有色眼鏡，但確實屬於相當激烈的手法。

請你在不勉強自己的範圍內，正視自己的內心，然後去實際進行吧。

◆「為夢想蒐集證據」來加速實現願望

接下來，這個方法可以開開心心地幫你加速改寫潛意識。

第一章說過，「小潛喜歡蒐集證據」。

舉例來說，如果你戴著「我不受人喜愛」的強烈有色眼鏡，就會創造出不受人喜愛的現實。

每當我們看到這樣的狀況，悲嘆道：「唉，又被人討厭了。」小潛就會更加肯定：「看吧，果然沒錯！真相就是我創造的那樣。我又找到不受人喜愛的證據了！」進一步強化這副有色眼鏡。

我們在改寫潛意識時，正好可以運用「小潛會蒐集證據來加深有色眼鏡的烙

印」這項特質。

舉個例子，當你為了用「我受人喜愛」來取代「我不受人喜愛」的有色眼鏡，持續說出「我受人喜愛」的語句後，看待現實的方式便會一點一滴產生變化，開始出現讓你覺得「搞不好我其實是受人喜愛的喔？」的情況。

比如說，同事笑著跟你打招呼、Line或私訊有人傳來關心的話語、得到別人的讚美等。

可能只是日常生活中的一點小事，但確實會讓你覺得「咦，好像和之前不太一樣了」。遇到這類事情時，**請儘管放心相信「自己果然變得越來越受人喜愛了」**。

敏銳地捕捉現實中發生的各種事物，**蒐集各種證據來支持「我受人喜愛」這個新的價值觀吧。**

如此一來，小潛自然也會仔細蒐集證據。「啊，你果然是受人喜愛的。我知道了！我要進一步加深這個烙印，然後創造更多受人喜愛的現實！」逐步強化新的有色眼鏡。

一旦出現「我好像漸漸開始改變了」的現實，你肯定會感到很高興的，自然也就容易湧現情感。由於小潛具有「對情感的反應很強烈」的特質，因此便能進一步提高效果。

還有，小潛也會對一直重複的事物有反應，所以蒐集越多證據，也會加速改寫潛意識。

雖然說不必刻意尋找證據，但每當發生讓你稍微感到「啊，好棒喔」的事情，就請坦率地為自己高興，「我果然正走在對的路上♥」。

「果然＋正面的話語」擁有改變有色眼鏡的強大力量。持續不停地說，將話語令自己變成深信不疑的事實吧。

當逐步改寫潛意識後，你也會在現實中看到徵兆。這一點後面會再詳細說明。

由於這個方法可以切身感受到自己正一步步往理想邁進，所以我稱之為「**蒐集夢想的證據**」。

一邊誇獎保持習慣說魔法語句的自己，一邊開開心心地蒐集「夢想的證據」吧！

◆逢人說「好話」來加速實現願望

這裡介紹一個並非直接影響小潛的方法。但我親身體驗過這個方法，確實能急速提高實現願望的速度。

做法十分簡單。

就是不光對自己說好話，也要對身邊的人說好話和充滿愛的語言。

對我們周遭的人們投以溫暖的話語，除了最親近的家人之外，也包括情人、朋友與工作上接觸到的人等。

假如你因為各種因素很難對家人朋友等親近的人們直接說出口，那麼只要做些自己能力範圍內的事就夠了，例如在網路上或社群媒體幫你喜歡的創作者或朋友按讚，或是發送鼓勵的留言，抑或是笑著跟同事打招呼等。

提醒自己當個「散播愛的泉源」。

其實單憑一己之力改變潛意識，就已經有足夠強大的力量推動現實了，但如果能再加上在能力範圍內採取溫暖的言行舉止，又會進一步加快創造現實的速度。**通往理想目標的道路將以意想不到的方式出現在你眼前**。

往往會發生一些奇蹟般的事情，彷彿在對你說：「謝謝你對大家這麼親切。這是給你的謝禮！」

這個行為俗稱「積德」，如果能盡己之力親切待人，功德便會在我們看不到的地方不斷累積到一個像「功德箱」的容器裡，然後在某一天突然出現宛如拉霸中大獎般的現象。

簡直就像「功德拉霸」（笑）。

此外，**親切待人本身就有助於提高自己的壓力承受度與幸福度**。

每當我們親切地對待別人，聽到對方說：「哇，謝謝你！」我們也會覺得很高興。這個互動過程具有減輕壓力與增加幸福度的效果。

但是，不必勉強自己對討厭的人親切。

只要對你喜歡的人就夠了。建議你從力所能及的事情開始嘗試。

好了，到這裡已經介紹了許多種「加速改寫潛意識的方法」，不過你不必全部都做，只要挑選其中適合你的方法即可。

另外，「加速改寫潛意識的方法」是附加選項，如果你覺得「還要額外做這些真的太吃力了」，那麼**只要做第三章介紹的YOKO法就夠了**。請選擇你覺得做起來比較簡單的方式去做就好。

YOKO的小故事

4

「讓我丟臉到想鑽進地洞的瑜珈褲」

洛杉磯的公園與海灘總有許多人在做瑜珈。感覺追求健康與時尚的風潮相當盛行。

連我這種愛待在家裡、動不動就閉門不出的人看了，也覺得他們的動作很熟練、很酷，暗自憧憬著他們。

前陣子，我帶四歲兒子去某個富人住宅區的大公園上兒童瑜珈課。

兒童瑜珈的內容相當簡單，於是我也加入其中一起活動身體，度過了一段非常愉快的時光。

下課後，我又和朋友一起在公園裡玩了約兩個小時的遊樂設施才回家。

回家後我心情大好♪身體舒暢無比，小孩也上課上得很開心，我滿心期待著下一次上課。

愛待在家的我感覺自己搖身一變為愛往外跑的外向者，真是太令我開心了。

但就在這時，我的心情突然急轉直下。

我發現當天穿著的褲子的「胯下」部分，竟然破了好大一個洞！

這個洞的位置和大小剛好讓整個跨下走光。這……絕對是我做瑜珈的時候破的！

畢竟早上穿的時候根本沒看到有洞……

我做完瑜珈還和朋友玩耍了兩個小時，該不會這個人和那個人也看到了吧？？

該　不　會　看　到　了　吧？

我心中越來越焦慮，想著要不要問問朋友？

「我今天褲子胯下破了一個好大的洞，你有看到嗎？」

問不出口。因為我們的交情還沒有好到這個程度。

最後我只能當做什麼事都沒發生，默默請老公（他很會縫紉）幫我縫補破洞。於是YOKO的黑歷史又多記上了一筆（笑）。

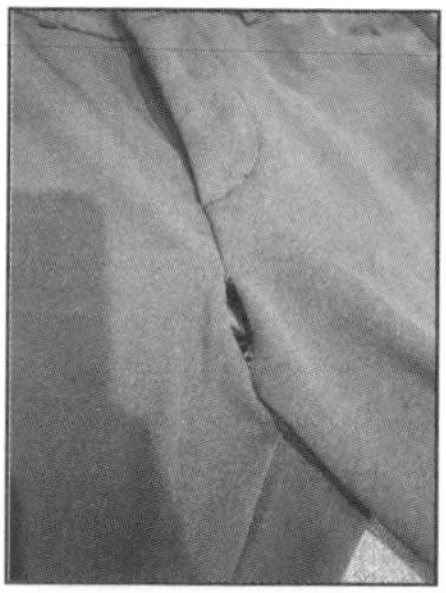

破洞的位置、形狀和大小完全恰到好處，簡直像是精心設計過的一樣。

第五章

只要看看這些故事，自然能化解心中的定見

◆預設「未來有一個好結局」

前面已經把改寫潛意識的方法介紹完畢。

本章則要談**「讓有色眼鏡自動出現微妙變化的故事集」**。這裡分享的故事全都在YouTube上獲得了熱烈迴響。

每則故事都能幫助我們改變日常生活看待事物的角度，每當你心情低落、生活諸事不順，希望你能想想這些故事。

我蒐集了多則故事，**只要看看就能讓內心舒服許多**。

第一個故事是「預設未來有一個好結局」。

我們在遭遇問題時，可能苦苦思索卻仍找不到解決方法，或者在現實的摧殘下覺得：「唉，真是煩死了」「怎麼偏偏是我遇到這種事……」有時難免看不到未來的希望。

每當你遇到這種情況，請想一想下面的思考方式。

連續劇與電影的劇情總是必經一番波折、費盡千辛萬苦，才會進入最終結局。我們的人生也一樣，得先歷經各式各樣的人性成長片斷與峰迴路轉，才會走到結局這一步。

我們之所以會擔心害怕，是因為不知道未來會怎樣、看不到未來。忍不住去想「之後到底會怎麼樣？」「真的沒問題嗎？」

不過，你是否有過這種經驗？在重看一部已經看過的連續劇時，心裡會很清楚「雖然這部劇過程百般曲折，但最後是好結局」，於是無論過程中出什麼狀況你都能無動於衷。

尤其是動作片，每次主角必定會陷入大危機，第一次看的時候覺得「太驚險了！」的場面，重看時心裡便很清楚「啊，這段真的是千鈞一髮，但是主角會順利活到最後」，便能相對放心地觀賞。

所以我們也要像連續劇與電影一樣，將自己的人生預設成一個美滿的好結局。無論眼前發生什麼，都要想成是「雖然眼前發生這樣的事，但這個故事會是好結局。倒不如說，劇情會以這件事為轉捩點，之後出現驚人的大反轉喔～」

未來的事誰都說不準。

既然都不知道了，那就預設成我們想要的樣子。

「要是自己預設的情節會成真，我就不用這麼辛苦了。」聽到這裡，可能有讀者會這麼想。

不過，定見的有色眼鏡會在聽聞大量的經歷與話語後，「自動認定這一切都是事實」。

這個世上沒有一個人是一無是處的，但如果內心抱有「我一無是處」的想法，這句虛假的話語便會因為定見而成為事實。

小潛沒辦法區分虛假與真實。

既然如此，或許我們可以說，**只要預設好一個自己的未來，哪怕現在是假的，最後也會成真**。

沒有人規定我們「不該預設」自己未來的樣貌與狀況。

倒不如說，我們反而比較常透過有色眼鏡、悲觀看待自己的未來。

既然我們可以預設一個尚未發生的悲觀未來，那麼也可以預設一個自己想要的美好未來。

順帶一提，我幫自己預設的未來是「不管過程中遇到什麼事，最後將是一個宇宙無敵棒的好結局」，而且每當挑戰任何新事物，我都會運用這套思考方式。

每次我感覺自己挑戰失敗了，我都會用旁白的口吻、樂呵呵地笑著說：「其實這次的經驗是通往重大成功的一步，YOKO小姐現在已經身處於燦爛未來的轉捩點了！」

我很推薦大家用旁白的方式描述自己的狀況，一來感覺很好玩，二來也有助於客觀看待眼前的事、平撫情緒。

接下來，我會替自己規劃劇情走向，「這個故事雖然過程一波三折，但是最終會得到超棒的結果～」

這麼一來，很不可思議的是，事情都會按照劇本發展。

話語的力量實在強大。YOKO法在這種時候依然能發揮絕佳效果。

每當你遇到艱難的問題或心情低落，希望你能想一想這套思考方式。

「雖然中間歷經一番波折，但最後會迎來一個美滿的好結局♥」

絕對沒問題的。

◆我們正在上演一齣龐大的鬧劇

靈性界認為，這個世界是由我們自己的心靈創造出的虛擬現實，雙眼看到的並非真實世界，而是一個暫時存在的世界。

人們經常將這個情況比喻成，現實世界是電影的膠卷投影在螢幕上的顯像，包括自己在內的所有登場人物，都只是在扮演自身角色。

這一切都是我們為了「體驗」唯有在地球才能經歷到的事物，因而彼此互相合作的結果。

不過，因為這個虛擬現實太過逼真，加上以一部電影來說時間也太長了（笑），所以我們一不小心就完全忘記這一點，沉浸在這部人性成長片當中。所以才會每天爭吵不休、時而憂愁時而欣喜。

我非常喜歡韓劇《魷魚遊戲》，這部劇在二〇二一年十月時風靡全球。自從九月一上片我就立刻迷上，連幕後花絮都從頭看到尾。

《魷魚遊戲》是網飛的超人氣連續劇，講述一群負債的人們為了贏得大筆獎金，奮不顧身加入一場生存遊戲的故事。

大家在戲中互相憎恨、彼此欺騙，為了自身利益不惜陷害他人，但隨著一聲「卡！」的到來，所有人便馬上露出滿臉笑意，歡快地聚在一起拍照留念。

其實演員們根本就沒有生氣，更別說憎恨對方了，心情上是很輕鬆自在的。

看到這個情景，我不禁心想：「搞不好我們也只是在現實世界中做著同樣的事情而已。」

人生就是由大家共同演出的一齣龐大鬧劇。**令你憎恨的人、冷血無情的人，甚至是我們自己，都只是在扮演著自身角色。**一旦用這個角度看事情，就能從中抽身，站到旁觀者的視角，不會陷入自己的劇情中了。

為了幫助你瞬間回想起「人生就是一齣鬧劇」，每次遇到不如意或感到迷惘時，可以試試說出下面這句話。

- **討厭的事情＋「這就是我正在演出的鬧劇」。**

舉個例子，如果你有個不太喜歡的同事，讓你心想「我好討厭那個人……真不想見到那個人……」就說說下面的話。

「我好討厭那個人、真不想見到那個人。這就是我正在演出的鬧劇。」

感覺怎麼樣？是不是清醒一點了？

還可以這樣活用。

「我交不到男朋友。這就是我正在演出的鬧劇。」

「我沒有錢。這就是我正在演出的鬧劇。」

「人際關係讓我很頭痛。這就是我正在演出的鬧劇。」

「那個人讓我很不爽。這就是我正在演出的鬧劇。」

每當你碰到什麼煩心事，請全部補上一句「這就是我正在演出的鬧劇」，應該會讓你心裡輕鬆許多，甚至變好笑的，頓時感覺自己變成旁觀者，身處戲外看著這齣鬧劇，自然也不會對現實鑽牛角尖了。

另外，這句話也會形成一道緩衝，防止負面話語直接進入小潛體內。

一切都是鬧劇，一齣規模龐大的戲劇。只要用這樣的眼光環顧周遭的每個人，就會感覺所有人都像演員了。再看得仔細一點，甚至還會發現有些人「專門負責扮演特定的角色」。

有人專門扮演討人厭的主管；有人專門動不動抱怨；有人專門成天煩惱；有人專門負責背叛別人。

你也可以想像自己是導演，在心裡對對方說：「喂，剛才你演得很精彩喔，我忍不住真的生氣了！」還蠻好玩的喔！

◆怎樣才能絲毫不受到他人影響？

這則故事是特別獻給那些容易被人牽著鼻子走的人。這個類型的人經常對別人的言語或態度過度反應，心情受人影響而時好時壞。

只要記住這則故事，就能學會用「別人是別人，我是我」的方式來思考。這麼一來，也就可以「不去接收」討厭的人的能量，亦即懂得如何「不受影響」。這個方法很好玩，希望你用輕鬆愉快的心情看下去。

我會從這個故事得到啟發，起因於我自己發生的一件事。

有一天我得幫兒子看功課，這項作業繳交時間迫在眉睫，偏偏分量又多到我遲遲看不完，加上又還有自己的事要忙，這時我的情緒一下子大爆發，忍不住兇兒子說「：我不想管你了」「隨便你愛怎樣就怎樣！」

事後我暗自反省，當天晚上向兒子道歉。

我：「對不起呀，剛才我心情太差了，把氣出在你身上。」

兒子：「咦？可是我剛才完全沒有不高興。」

我：「咦，真的假的？可是你聽了應該很不舒服吧？」

兒子：「我那時候覺得妳應該心情不太好，但是我也沒有心情不好，所以我完全不在意。」

聽了他這番話，我大感訝異。兒子啊，你也太成熟了吧……！（笑）

本來我以為父母情緒不穩定，小孩也會察覺到父母的情緒而傷心難過，結果我兒子「完全沒有接收我暴躁的情緒」。

他完全就是把我的話左耳進、右耳出。對了，以前也流行過這樣一首歌*（笑）。

就在這一刻，我想起以前看過的一個釋迦摩尼的故事。

在釋迦摩尼全盛時期（我不知道這樣說是否恰當・笑），有名男子看到他受到眾人尊敬非常嫉妒。

有一天，這名男子事先來到釋迦摩尼平時散步的地方，等釋迦出現，便在眾人面前極盡能事辱罵他，用各種惡毒的言語罵了很久，釋迦摩尼卻一句話都沒說，只是靜靜聽著這名男子的話。

*譯註：二〇〇七年由吉本興業的穆迪勝山（ムーディ勝山）演唱的《右から左へ受け流すの歌》（左耳進右耳出之歌）曾經風靡一時。

釋迦摩尼的弟子們見狀，心有不甘地問他：「佛祖，真的要任憑他如此出言不遜嗎？」

於是，釋迦摩尼總算開口詢問男子：

「如果你想送人東西，對方不收，那麼這個東西是屬於誰的？」

這名男子答道：「若是對方不收，那當然還是屬於送東西的這個人的。」說完，他突然意識到釋迦摩尼的言下之意。

釋迦摩尼接著說：

「你說的沒錯。剛才你對我破口大罵，可是我並未接收你的謾罵。所以你說的所有話，全都會由你自己來接收。」

哇喔，釋迦摩尼，你真是太厲害了！

左耳進、右耳出的功力堪稱超一流！

任憑對方如何怒氣沖沖朝他發火、用多麼兇惡的態度惡言相向，釋迦摩尼「選擇」了不去接收這股負面能量，只是客觀看待對方的狀態「哦，他好像很生氣」「看來他蠻兇的」。

最厲害的是，不只不會接收，甚至全部還給了對方。這個故事是不是讓人頓覺神清氣爽、渾身舒暢呢（笑）？

這個故事給了我很大的啟發。面對他人的怒氣、謾罵與挑釁，只要我們自己不接收，就不可能成為被害者。

以這則故事來說，情況就是「男子很氣憤」與「釋迦摩尼看著這名氣憤的男子」，僅此而已。而不是「男子很氣憤」與「釋迦摩尼受氣了」。

釋迦摩尼只是看著這一切，並不是「受男子謾罵的被害者」。

一旦想成是別人「對我做了什麼」「說了我什麼」「罵了我什麼」，就會接收到對方的負面能量，讓自己成為受害者。

不過，**如果自己不去接收，那麼不論對方怒火多猛烈，我們充其量只會認知到「喔，看來這個人在生氣」，並不會覺得自己「被人罵了」**。換句話說，不會成為受害者。

不過，即便理智上明白這個道理，但畢竟我們不是釋迦摩尼，所以現實中聽到挑釁意味的話語、遇到有人擺出惹人厭的態度，還是會忍不住產生情緒反應。

所以！我都會用下面這個方法。

「如果妳那麼想，就真的是那樣，不過……只限在妳的心裡而已！（お前がそう思うんならそうなんだろう、お前ん中ではな）」

不知道你有沒有聽過這句台詞。

這是漫畫《熱鬪少女》中的一句台詞，曾在X（以前稱推特）大肆流行，簡稱「真的只限（おまそう）」。

我把這句話解釋成下面的意思，需要的時候都會用上這句。和漫畫原本的意思不太一樣就是了。

「無論對方怎麼說、怎麼想，那都只在對方心裡為真，和我沒有關係。」

這是一句魔法的話語，雖然非常簡單，卻極為深刻，能幫助我四兩撥千斤、不受對方話語與負面能量所影響。

每當別人的話語或態度讓我感到不快，我就會回想「真的只限」這句話和釋迦摩尼的故事。

「如果你這麼想，就真的是這樣，不過……只限在你的心裡而已！」

「這個人發出的討人厭能量，全部都會回到他自己的身上。我會全～數奉還的（笑）。」

大概就像這樣。這麼一來，我們就能保持冷靜，不會接收到對方的能量了。

補充一下，這部漫畫裡用的字眼是「你」，所以當你對主管或階級輩分比自己高的人不爽，在心裡說出這句話，感覺會很有趣。

在心裡叫那些階級輩分比我高的人「你這傢伙」，真的很好玩喔，我超喜歡這樣做的（曾經是個叛逆辣妹的YOKO式作風・笑）。

◆為什麼世界上的財富被五%的人獨占？

下面要說的事我從來不曾在YouTube說過。這是我在二〇二一年九月參加的「巴夏（Bashar）」活動（由股份有限公司Dynavision主辦的「公開接觸大會（Open Contact Festival）」）中見證到的，是巴夏現場回答觀眾提問的經過。

為了避免有些讀者不知道，這裡補充說明一下，巴夏是由現居美國的通靈者（channeler）達瑞爾・安卡（Darryl Anka）透過通靈方法（chenneling）對話的「外星人」。

巴夏住在擁有高度文明的愛莎莎尼（Essassani）星球，以高層次的角度與觀點為我們提供許許多多的智慧。

這場活動中關於金錢與富裕的談話令我大為震撼，我非常渴望能跟各位分享，於是特別徵求許可後公開這段對話。

活動上，一名參加者詢問道：

「我聽說世界上五%的人獨占了幾乎整個地球的財富，這是為什麼？」

巴夏的回答如下：

「因為其餘九十五%的人，生命的基調是恐懼與空虛感，擅自認定『我不可能變富裕的』。」

「儘管沒有人規定他們不該變富裕、不該賺錢，但是這些人擅自認定『我辦不到、夢想不可能實現的』。這些人的數量剛好占地球的九十五%。」

聽了這個故事，你有什麼感想？

我聽到這番話的時候，感覺腦袋被人狠狠敲了一棒。

明明沒有人這樣告訴我們，我們卻擅自認定自己「做不到」「這樣做會有報應」「不會那麼順利的」，於是往往從一開始就放棄了。而且，不限於富裕一事，所有方面都一樣。

這也正是本書的主題之一「定見的有色眼鏡」所牽涉的內容。

聽到巴夏的這番話時，正值我撰寫本書原稿的過程中，我不禁認為這是巴夏為我捎來的訊息：「請妳將改寫強烈定見的方法推廣給更多人知道」。

就算如此，我也從來沒想過世界上九十五%的人竟然從一開始就放棄了。

可是反過來說，**只要改變定見的有色眼鏡**，就有可能變成那五%的人。畢竟絕大部分的人甚至連有色眼鏡的事都不知道。

這樣一想，是不是瞬間燃起幹勁了？

盡情追求富裕與實現願望吧，讓你在精神上與物質上都變得越來越富裕。

沒有人會阻止你的！（笑）

YOKO的小故事

5

「人生極少有的額外獎勵時間」

我從很多年前就是書法家武田雙雲的超級粉絲。

他是一位「感謝狂熱者」（他自己説的），對任何事物都抱以感謝與感動，從不與人競爭，始終做著自己喜歡的事，而且一直都做得順風順水。

他舉辦過日本全國的大型百貨公司展覽、演講、國外的個展等，走到哪裡都能收獲超高人氣。

「怎麼有人可以活得如此輕盈……我也想要擁有那樣的心態！」我被他深深打動，大量閱讀他的書籍與部落格。

甚至還會每天在網路上看雙雲的照片，步入有點危險的狀態（笑）。

有一天我突然有幸得到一個和雙雲對談的機會。

我高興到快要飛上天，一個人瘋狂手舞足蹈，興高采烈地騰空躍起，結果著地的那一刻聽到了一聲「喀！」這是我這輩子從來沒聽過的聲音。

緊接著，左腳傳來劇痛，我整個人跌坐地上。「不會吧……？」

隔天，我拖著左腳去醫院，醫生告訴我：「左腳小指缺了一塊骨頭。雖然是不須要開刀，但是完全康復要六週」。

接下來，用來代替石膏的復健鞋與拐杖便加入了我的生活。

拄著拐杖的生活十分不方便，但習慣以後我就開始在小孩面前表演才藝，「我來挑戰自己的極限，看看到底可以拄著拐杖用最快的速度走多遠」（甚至還贏得小孩的尊敬・笑），我甚至覺得，「拄著拐杖的我好像有點酷……」，沉浸在謎樣的優越感中（笑），充分享受了這段特別的時光（笑）。

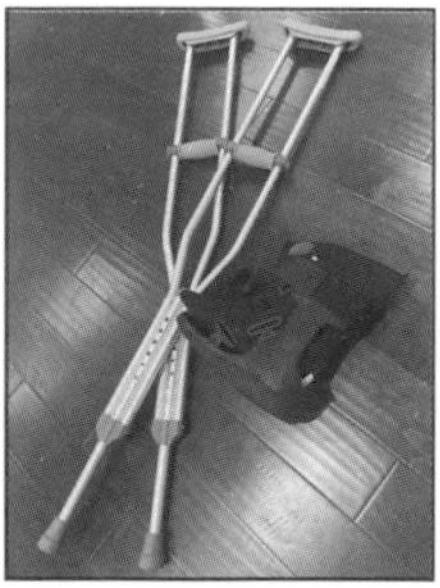

我當時使用的復健鞋與拐杖。

第六章

將人生調成「簡單模式」，邁向閃耀的未來！

◆顯示潛意識已經改寫的三個跡象

好了，接下來要說明有色眼鏡正式發生變化時，究竟會出現什麼跡象。

前面已經多次提及，在有色眼鏡變化的過程中，自己對事物的感受與現實中的事物，會在小潛的作用下「自動」產生變化。

那麼，具體來說到底會發生什麼事？

根據我自身的經驗，分別從「心境的變化」「現實事物的變化」「行為上的變化」這三點加以說明。

【①心境的變化】

每次我的有色眼鏡改變的時候，都是先從心境開始發生變化。自動出現原本不

曾有過的想法、看到原本不曾去注意的事物。

舉個例子，原本我看到自己的錢包與財產時，只會覺得「根本一點錢也沒有」，但當我的有色眼鏡從「我沒錢」變成「我是有錢人」，我就開始覺得「咦？其實我手上也有不少錢嘛」。轉變為從「我有錢」的角度來看待客觀事實。

雖然一開始感覺不會太強烈，但在一次又一次發覺自己「有點錢」的過程中，最終將深信「我其實是有點錢的」。

再來，原本總是覺得「真討厭、真煩人」的事物，會變得不再在意、有辦法去忽略，或是懂得從不同觀點看待。

持續運用「實現精神面願望」的語句與自我疼惜來滿足內心，**相比改寫前，內心變得更平靜、焦慮減輕，幸福感也增加了。**

有時甚至會變得無法理解自己原先的心態，回想起過去曾經煩惱的事物，只會覺得：「我以前怎麼會煩惱這種事啊？」

這就好像小時候總是心想「跟人打賭絕對不能輸！」長大後回想起來只會覺得「那種小事根本無所謂啊，真不懂我以前怎麼會那麼拚命」。

總而言之，**心裡「變得前所未有的自在與舒坦」便是徵兆之一**。

【②現實事物的變化】

這類跡象最容易明白。就是現實中發生的事物明顯變得和過去不一樣。

尤其是在實現物質願望時，狀況會特別明顯。這邊用「我也不知道為什麼，輕輕鬆鬆就瘦下五公斤了」的願望來舉例。

許下願望後，現實也會逐漸出現變化，可能是接觸到讓你覺得「真的超輕鬆就能做到」的方法、出現能幫助你減肥的人，或是收到別人送的減肥補助食品等。

簡直就像所有人都在對你說「快點瘦下來唷」「祝你快點實現願望」，分別在每一個階段為你提供實現夢想所需的東西。

另外，有些願望則會讓人際關係發生劇烈轉變。以我的情況為例，人際關係方面的改變可分成下面兩種類型。

- 別人的個性出現變化。
- 社交圈出現變化。

前者的情況下，對方的轉變有時誇張到讓我懷疑「這真的是同一個人嗎？」的程度。像是以前關係不太好的人變親切了、開始接納我。或是反過來，突然變得很冷淡、遠離我的生活圈。

後者的情況就是字面上的意思，原本因為各種緣故不得不來往的對象，會在可謂半強迫的外力使然下斷絕來往。

取而代之的是，和一直想來往的人們展開一段新的緣分。感覺彷彿就像「特別為嶄新的自己重新安排一群適合自己的朋友」。

再來，還有第三章介紹過的透過「將所處環境變成理想狀況的語句」，說出「怎麼會這麼富足啊！」之類的話語，可能會得到額外收入或獲得加薪等。自己所處的環境將按照語句的內容，逐漸調整成理想的狀態。

歸納一下，我覺得現實世界出現的變化以下面兩種居多。

- 接二連三出現通往願望實現的路徑。
- 諸如得到額外收入等「獲得實際物品」。

這裡分享一個實現願望的真實案例。

這是一名三十多歲的女性上班族，她渴望步入婚姻卻始終遇不到良緣。

於是，她將自己理想的伴侶條件、想和理想伴侶做的事、待在理想伴侶身邊時她會是什麼樣貌，每天寫在紙上或者說出口，同時感受這分欣喜雀躍的心情。

結果，**她理想的男性真的出現在她面前，兩人開始交往後，僅僅半年的時間，對方便向她求婚了。**

這樣說或許有點奇怪，但是以她的情況而言，伴侶就像她所得到的「實際物品」。不同類型的願望，分別會以不同形式反映到現實當中。

【③行為上的變化】

當定見的有色眼鏡改寫後，我們的行為也會出現以下變化。

・行為在無意識中出現變化。
・事情做起來變得很快樂（不以為苦）。
・發生一些事物來推動自己的行動。

首先是「行為在無意識中出現變化」。這裡再舉本書反覆使用的例子，當一個人的想法從「我不受人喜愛」轉變為「我受人喜愛」的情況為例。

一旦改寫了有色眼鏡，**便會自動採取符合「我受人喜愛」這句話的行為**。自然而然從整個人的氛圍、態度與行為上表現出來。

從前總是拚命顧慮別人、看人臉色而不時心驚膽跳，但現今則搖身一變，以從容大方的態度示人。

因為這時自己的內心得到滿足，所以也就有辦法親切待人、自然而然展現笑容了。而這些全都是在無意識間自然辦到的。與此同時，被別人討厭的時候，心裡也不太會受到打擊。

由於和原本的狀態差距實在太大，因此你很有可能會聽到朋友或熟人說「感覺你變了耶」「你看起來心情很好喔」之類的話，指出你的變化。

「自然而然採取符合語句狀態的行為」。

這就是行為在無意識中出現變化的表現。

再來是第二點「事情做起來變得很快樂（不以為苦）」。

原本就算是為了自己的夢想所做的事情，也總是覺得「要付諸行動很麻煩」，但這時心態會開始轉換成「我主動想去做！」「做起來一點也不辛苦」。

前面介紹過實現物質願望的方法，是將願望套進公式「我也不知道為什麼＋過程＋結果」。

舉例來說，假設你選擇的過程語句是「享受當下」，那麼自然就會去做你喜歡或開心的事，因此等到機會來臨時，也就容易萌生「我想快點去做！」的念頭。

正因如此，我才會說決定過程的語句至關重要。

如果說為了實現夢想而採取行動是不可或缺的一環，那麼當然是在開開心心的心情下完成比較好了。過程的語句就是用來決定這個狀態的。

而且，**抱著「非做不可」的心態去做事很容易受挫，再也沒什麼比「做起來很開心，主動想去做！」的心態更強大了。**

像打電動或者做自己的興趣愛好那樣，做著自己喜歡的事情總是很開心，可以持續幾個小時都不嫌累，我們可以用這樣的感覺朝向夢想前進。

這種情況特別常見於實現物質上的願望時，一旦改寫有色眼鏡，就會培養出「為了實現願望而展開行動，本就是再正常不過的事」的心態，因此**心態會逐漸變得輕盈起來，「不必刻意採取行動，反而會因為做起來很開心就自動去做」「很自然就付諸行動了」**。

還有，哪怕心態變化還沒有到達這個地步，現實也會逐漸發生變化，因此有時候會出現**第三點「發生一些事物來推動自己的行動」**。

在這種情況下，會發生一些稱得上是人生轉捩點的事情，例如突然被指派重要的工作、眼前出現一個從未想過會發生在自己身上的大好機會、有機會能做一直很想去做的事情等。

只要趁著這個機會接受挑戰，還沒來得及猶豫，自然就會**「強制被推上通往夢想的階梯」**。面對如此大好機會，你有可能會感到害怕，但最終還是會由「可是我還是想試試看」的正向心態戰勝恐懼。

彷彿就像小潛在對你說：「嘿，我已經幫你鋪好路了，快點往上走呀！」讓你在這股強大的推力促使下接受挑戰。

這裡歸納一下行為的變化過程：先是「自動」採取與新的有色眼鏡相應的行動，或者是「自動」接近實現願望的路徑，在滿心歡喜展開行動的過程中，最終抵達目標。

由於行為上的變化是顯而易見的，期望你能在一邊實踐的同時，愉悅地見證自己的改變。

那麼，這裡跟大家分享一下我的親身體驗。

第四章有稍微提到我成功瘦下五公斤的事，我稱之為「改寫有色眼鏡減肥法」

（笑）。供大家參考。

我在新冠肺炎期間胖了一大圈，於是便開始每天念誦著「我也不知道為什麼，輕輕鬆鬆的就瘦下了五公斤」和「我的身材怎麼會這麼迷人啊！」（笑）。

其餘就像前面說過的，在體重計寫上我的理想體重，還有把擁有我理想身材的模特兒照片設成手機的待機畫面。

結果，我的食慾自然而然就降低了。說是降低食慾，感覺比較像是「不吃也沒差」，而不是「不想吃」。

我原本食量很大、超愛吃東西的，但當時彷彿被什麼東西附身一樣，食慾頓時銳減。

也就是說，進入了**「不吃東西也不以為苦」**的狀態。

還有，原本我都是時間一到就固定會用餐，但自這時起便轉變為「只要肚子不餓就不進食」的用餐模式。

於是，我變成一天只吃一餐就夠了（現在也還是如此）。雖然說這一餐我會吃一大堆喜歡的食物就是了……（笑）。

還有減肥資訊也是，有大量的「一點都不費力的減肥法」映入我的眼簾。感覺就像小潛對我說著：「妳快來看這個」「還有這個！」不停替我蒐集各種減肥資訊一樣。在看著這些資訊的過程中，我接觸了許多纖瘦人們的生活型態，於是也自動去配合那麼做、變得像他們一樣了。

就在我說出話語並吸收減肥資訊的過程中，自然而然就轉為採取「瘦的人會有的行為與思考方式」。

原本我很愛吃巧克力與餅乾等零食，但這時我竟然變得「不想吃」了（或者應該說是不想攝取到身體裡會更貼切一點）。

這樣的狀況持續了一～兩個月，結果真的毫不費力地自然瘦了下來。

至於運動方面，我幾乎沒做，頂多是偶爾做下伸展運動而已。**真的就是「我也不知道為什麼」就變得沒有食慾，不知不覺便「輕輕鬆鬆瘦下五公斤」**的寫照。

這全都多虧了話語的力量，讓我在完全沒有絲毫忍耐、克制、痛苦的狀態下達成目標，也是因為這件事，讓我打從心底感嘆到話語實在很便利，不把話語說出口絕對損失大了。

我簡直就是**用「簡單模式」實現了願望呢**！

當有色眼鏡變成我們想要的模樣後，我們的心態、現實中的事物與我們的行為也會幾乎無意識地，也就是「自動」地出現變化。

我們會變成「與語句相符的狀態」，差異之大彷彿就像變成另一個人一樣，最終得到一個「跟語句內容一模一樣的結果」。

小潛會預先替我們鋪好所有路，我們只會感覺到被一股不可思議的力量推動著，一步步朝自己期望的道路邁進。

看到這裡，如果你心中半信半疑地覺得「我真的也做得到嗎？」那麼，就請先從很小的願望開始念起。

當這個小願望實現後，你就會產生「我也做到了！」的信心，接下來就能心懷希望地挑戰更大一點的願望了。

◆堅信「絕對」能得到成果

這節來談談「潛意識多久會改寫？」以及「願望什麼時候會成真？」

時間會因人而異，也會依願望而定，不過大致來說，快則幾週、慢則兩～三個月，多少就會出現正面的變化。

也許你聽了會想：「咦，要這麼久啊？」

其實，不管使用的是什麼方法，很多人想像中的速度都是如下頁圖A，一開始就能馬上看到好的改變，一路順遂且穩定地進步。

可是，實際上絕大多數的狀況都是圖B。一開始感覺沒什麼改變。很多人在這個階段會覺得「什麼啊，根本就沒用嘛」，於是徹底放棄。

圖A

圖B

減肥就是個很好的例子。

假如體重馬上就有減輕的跡象，你便會幹勁滿滿地想著：「太好了，那我要拚命運動！」但其實大多數情況都沒有這麼簡單，所以就因此灰心喪氣了。

不過，如果你打從一開始就堅信「絕對能得到成果」，又會如何呢？

舉個例子，植物的種子播種後並不會立刻發芽，須要等個幾天、甚至是幾週的時間。

不過，雖然種子不會馬上發芽，換句話說「不會馬上得到結果」，可是等待它發芽的時間反而更令人開心。

你會每天早上都來看看「發芽了嗎？發芽了嗎？」等到長出一點點芽的時候，便會興高采烈地歡呼「發芽了～！」

這究竟是為什麼呢？

為什麼眼前看到的事物毫無變化，卻會這麼興奮地殷殷期盼呢？

這是因為，**雖然「現在」眼前看到的種子沒有發芽，但是你「堅信」它總有一天會發芽**。

人們對於那些不確定是否得到結果的事物，往往很快就放棄。

反過來說，**只要確定一定會得到結果，就有辦法一直興奮地等待**。

咦？等一下。

前面已經反覆說明潛意識的運作方式，只要透過持續說出ＹＯＫＯ法當中的語言，語言就會進入小潛體內，創造出與語言內容相同的現實。

還有，第三章也提過德蕾莎修女的名言。

注意你的思考，他們會變成語言。
注意你的語言，他們會變成行為。
注意你的行為，他們會變成習慣。
注意你的習慣，他們會變成性格。
注意你的性格，他們會變成命運。

是的，思考總有一天會變成命運。

不過，在YOKO法當中，並非是「思考會變成命運」，而是先用語言來改變思考（定見的有色眼鏡），因此變化方式會是**語言↓思考↓命運**。

換句話說，改變語言就能改變命運，這麼說來……不就是**「只要持續播下語言**

的種子，必將得到結果（改變命運）」了嗎？

既然這樣，那麼……

哪怕短時間內沒有任何變化，過不了多久現實絕對會出現改變，所以你只要抱著期待興奮的心情等待結果，持續播下「名為話語的黃金種子」就好了，不是嗎？

◆播下黃金種子的「黃金時間」

在「播下種子後的那一小段期間」，表面上什麼都看不到，但其實種子確實在土壤裡不斷成長。**話語確實在小潛體內不斷累積。**

這很像我們第一次學騎腳踏車的情形。起初內心很害怕，頻頻摔車受傷，眼睛一直盯著地上看、沒辦法順暢自如地轉彎。但是從某個時間點起，突然間就會騎得很順。當我們在摔車或搖搖晃晃的階段，雖然表面上沒太大進步，但其實確實不斷在累積著經驗值。

明明我們「確定最後一定能學會」，如果在過程中就放棄道：「我就是學不會，還是不騎了！」這實在是非常可惜的。

「其實只要再過一下子，就可以輕鬆騎到很遠的地方了耶！」你是否會這麼想？

一樣的道理，我們可以說，「隨著**話語不斷累積下去，黃金花朵也將隨之綻放」**。

既然都確定總有一天絕對會發芽，若是播種播到一半就放棄，未免也太可惜了。

在下圖圈起來的期間，表面上的變化或許很少，卻是開出黃金花朵必要且不可或缺的準備階段，也就是所謂「播下大量黃金種子的黃金時間」。

只要播下話語這顆黃金種子，總有

一天，專屬於你的美麗花朵必將盛開。就算三天捕魚、兩天曬網也無妨，請學習《開花爺爺》*的精神（笑），懷著期待又快樂的心情播下大量的種子。

*譯註：《開花爺爺》是日本知名童話，講述一對善良老夫婦撿來飼養的小狗遭到邪惡老夫婦殺害並燒成灰，之後善良老夫婦將小狗的骨灰灑在枯樹上，枯樹便開出美麗花朵，由此得到開花爺爺的美名。

◆通往如你所願的「嶄新世界」

好了，從現在起，你將踏上與過去完全不同的人生之路。

過去你很渴望卻無法達成的目標、很想去做卻因為各種原因而辦不到的事情，**從現在起，你心中「辦不到」與「不會實現」的定見都會被連根拔除，在廣闊的世界裡自由自在展翅翱翔。**

你不須要「刻意企求如此結果」，只要改變說出口的話，理想的世界便會主動迎向你。

也許，你到現在還是無法相信。

可是，**其實你早已經歷過無數次了。**

你是不是有過這種經驗呢？明明沒有「刻意企求如此結果」，眼前卻自動出現討厭的人，自動陷入討厭的情況當中。

僅管你沒有想去創造與感受這些狀況，卻「自動」創造出了這樣的世界。

原因就來自「定見的有色眼鏡」。

一直以來你所處的狀態是，「在不知不覺間，戴的有色眼鏡便化為現實了」，但是從現在起，你有能力把有色眼鏡的顏色改成你喜歡的顏色。

你想戴上怎樣的有色眼鏡？

受到大家喜愛的世界？

賺得盆滿缽滿的世界？

每天都笑得很開心的世界？

可以把喜歡的事當成自己的工作的世界？

大獲成功的世界？

大家都健健康康的世界？

還是以上皆是？（笑）

怎樣都可以。請盡情改造成你想要的樣子。

不過，即使改造了一種有色眼鏡，並不代表所有討厭的事情全都會消失。但即便如此，也只要繼續改造就好了。

從此刻起，**現實中發生的討厭事物，全都是在提醒你「你有這種有色眼鏡唷，快點來改造吧」**的訊號。改造越多有色眼鏡，就會感到內心越是輕盈、生活過得越游刃有餘。

至今你都只用五％的意識來努力，等於是使用「困難模式」來進行人生遊戲。

從現在起，讓我們轉往和小潛相同的方向，用百分百全開的火力創造出的「簡

單模式」來奔馳。

二〇二〇年，美國在新冠肺炎肆虐下，戴口罩成為全民義務，一時之間「新常態」（New Normal）在民眾間鬧得沸沸揚揚。

你的新常態又是什麼樣子呢？

在你創造出新的有色眼鏡後、邁入新常態的人生當中，理所當然存在的事物、理所當然存在的人們，會是怎樣的人呢？

請務必和可愛的小潛共同攜手，將你心中「光用想就笑得合不攏嘴的世界」具象化。

我也會跟你一起，繼續把我的理想具象化的！

結語　改變人生，出乎意料地簡單！

非常感謝你看到這裡。

我想本書的讀者裡應該有不少我YouTube頻道的觀眾，這次可以用不同於影片的形式和大家見面，實在不勝感激。

各位覺得文字版的YOKO頻道如何呢？

我在本書的許多地方都加入了我的觀眾們喜愛的搞笑元素，各位喜不喜歡呢？我經常只記得那些搞笑的部分，忘記原本要講的重點，這次就請睜一隻眼閉一隻眼吧（笑）。

我最想在本書傳遞給讀者們的訊息是——「改變人生，其實出乎意料地簡單」，而不是那些具體的知識和技巧。

活出理想人生路上的最大障礙，正是「我不行」「我做不到」「我不可能實現這樣的目標」這類強烈的定見。這樣等於是「主動」親手封印了自己的潛在可能。

本書所教的方法正是揭開這層封印，並幫助隱藏在封印下面的「真正的你」，創造出內心所渴求的世界。

你不須要勉強改變自己。

只要改變使用的話語，你和現實都會逐漸轉變成話語中的模樣。

哪怕是覺得自己什麼都不行、思考方式很負面、自卑感強烈、極度沒自信、超級討厭自己……只要改變有色眼鏡，就會很自然地一步步成為你理想中的自己。

雖然我在這裡說了這些，但其實現在我仍然有許多想達成的目標、想滿足的內心需求，接下來，我還會繼續用自己的步調、在愉快的心情中播下種子。

然後，每當有了新的領悟或發現，我也會不停創作影片分享給大家。假如你試了我的方法後有任何變化，即使只是很小的變化，也希望你能到我的影片下方留言。大家的暖心留言就是我生命的活力來源。

你在實踐本書內容的過程中，可能會有不順利或灰心喪氣的時候，我在YouTube和Line的官方帳號都有分享相關的建議和小訣竅，請做為後續的協助工具多加使用。

另外，如果你有「我想知道什麼是〇〇」和「我想進一步了解書中講到的〇〇」等疑問或需求，請到Line官方帳號留言。感興趣的人歡迎掃描下方QR碼（此為二〇二一年十二月時的連結）。

我預計在之後的YouTube影片、YouTube直播和Clubhouse的直播中陸續回答讀者的問題。

最後，我要感謝參與本書出版工作的各位、一直以來支持我的親愛的家人與朋友，還有替我加油打氣的每個人。

首先是所有參與本書出版工作的各位。出版一本書要投入的人力遠超乎我的想像，這讓我因此繃緊神經，「既然這樣，那我非得好好寫不可了……」因為我在一些地方太過堅持，給大家添了不少麻煩。不過，正是因為一路上經過千迴百轉，才能做出如此棒的成品。

萬分感謝出版方讓我有機會藉由書籍的形式，將我想傳遞的訊息推廣給更多人知道。

還有一直陪在我身邊、竭盡全力支持我的老公，以及我最愛的子孩們，真的很感謝你們。

要是沒有你們的支持，這本書根本不可能完成。你們是我全世界最重要、最親愛的家人。我們往後也要一直相伴左右，開心歡笑下去。

感謝生育我的爸爸和媽媽。雖然過去發生了很多事，但現在我能充分感覺到你們對我的愛。我跟父母說即將出書的消息時，媽媽回道：「我會和妳爸爸去市中心的書店買的。」真的很感謝你們。

當我一想到「爸爸平常都不出遠門的，竟然願意為了我搭電車去買書」，我就感動到想哭。雖然爸爸不曾把愛說出口，但是我深深感覺到了他對我的愛。

住在韓國的公公和婆婆。雖然你們可能看不懂我寫在這裡的話，可是謝謝你們一直打從心底相信我、為我打氣。在周遭許多人都說「YOKO不可能成功」時，你們卻始終相信我，這件事我一輩子都不會忘記的。

謝謝一直以來觀看我的影片的觀眾們，你們為我的影片發笑，用溫暖的心意來替我加油。今天我有機會出版這本書，都是多虧了各位的支持。我始終打從心底深深感謝你們。

還有從頭到尾看完這本書的你。萬分感謝你在茫茫書海裡選中我的書。

雖然我現居美國，離各位讀者們很遙遠，但能用這種形式和散居各國的讀者們產生連結，我真的很高興。

怎麼會如此令人感謝啊。

在此，感謝所有支持我、參與本書製作的每個人。

那麼……這次就到這裡結束。

由衷感謝你看到最後。

下次影片見！

寫於洛杉磯，致上深深的愛

YOKO

Note

國家圖書館出版品預行編目資料

改寫潛意識,讓人生如你所願、夢想自動成真
/YOKO著；邱心柔譯. -- 初版. -- 新北市：
世茂出版有限公司, 2024.1
面；　公分. -- (新時代；A32)
ISBN 978-626-7172-79-7(平裝)

1. CST：潛意識　2. CST: 潛能開發

176.9　　112017596

新時代A32

改寫潛意識，
讓人生如你所願、夢想自動成真

作　　者／YOKO
譯　　者／邱心柔
主　　編／楊鈺儀
封面設計／林芷伊
出 版 者／世茂出版有限公司
地　　址／(231)新北市新店區民生路19號5樓
電　　話／(02)2218-3277
傳　　真／(02)2218-3239（訂書專線）
劃撥帳號／19911841
戶　　名／世茂出版有限公司　單次郵購總金額未滿500元（含），請加80元掛號費
世茂官網／www.coolbooks.com.tw
排版製版／辰皓國際出版製作有限公司
印　　刷／傳興彩色印刷有限公司
初版一刷／2024年1月

ISBN／978-626-7172-79-7
EISBN／9786267172780 (PDF) 9786267172773 (EPUB)
定　　價／380元

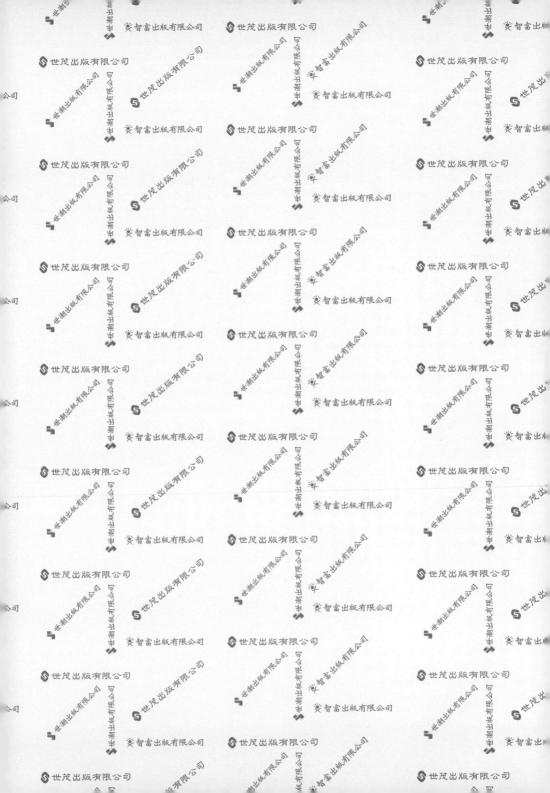